教育部人文社科青年基金项目：区域协调发展视角下三维人口红利空间差异、成因及优化路径研究
项目编号：18YJCZH228

区域协调发展
视角下的三维人口红利研究

尹秀芳　著

吉林大学出版社

长春

图书在版编目（CIP）数据

区域协调发展视角下的三维人口红利研究 / 尹秀芳
著 .—长春：吉林大学出版社，2019.10
ISBN 978-7-5692-5798-4

Ⅰ．①区… Ⅱ．①尹… Ⅲ．①人口—问题—研究—中
国 Ⅳ．① C924.24

中国版本图书馆 CIP 数据核字（2019）第 246592 号

书　　名　区域协调发展视角下的三维人口红利研究
　　　　　QUYU XIETIAO FAZHAN SHIJIAO XIA DE SANWEI RENKOU HONGLI YANJIU

作　　者：尹秀芳　著
策划编辑：卢　婵
责任编辑：卢　婵
责任校对：李潇潇
装帧设计：汤　丽
出版发行：吉林大学出版社
社　　址：长春市人民大街 4059 号
邮政编码：130021
发行电话：0431-89580028/29/21
网　　址：http：//www.jlup.com.cn
电子邮箱：jdcbs@jlu.edu.cn
印　　刷：北京虎彩文化传播有限公司
开　　本：787mm×1092mm　　1/16
印　　张：11.75
字　　数：190 千字
版　　次：2019 年 10 月　第 1 版
印　　次：2019 年 10 月　第 1 次
书　　号：ISBN 978-7-5692-5798-4
定　　价：68.00 元

版权所有　翻印必究

前　言

　　人口红利与区域经济发展之间存在着千丝万缕的关系。地区经济增长过程中人口红利效应的发挥起着十分重要的作用，会影响到一个地区的经济发展水平。党的十九大报告已经指出当前社会中"发展不平衡不充分的一些突出问题尚未解决"，同时提出"实施区域协调发展战略，建立更加有效的区域协调发展新机制"。已有的研究发现，人口红利的发挥的确对区域经济的发展起到了举足轻重的作用，但并未因此缩小区域之间经济发展的差距。更有可能的是，各个地区收获的人口红利大小不同会加剧区域经济发展差距，从而影响区域协调可持续发展战略的实现。

　　与此同时，我国的人口转变进程是伴随着生育政策的实施而推进的，这与其他较早经历人口转变历程的国家存在一定的差异。改革开放之初，我国实施了旨在控制人口数量的计划生育政策，人口出生率得以迅速下降。生育政策的实施加速了我国的人口转变进程，使得我国提前进入具有优势的人口转变阶段。16～64岁能够参与劳动力市场的潜在劳动力数量大大增加，而其他年龄段的需要抚养人口数量则相对较少，有利于经济增长过程中人口红利的获取。但这种类型的人口红利并不具有持久性，会随着人口结构优势的丧失而逐渐消失。随着我国人口转变进程的进一步推进，整个社会的人口结构会从具有优势的人口红利期向人口老龄化阶段逐渐转变，传统人口红利数量逐渐减少。面对人口转变进程中不可避免的这一趋势，如何学习其他国家在人口转变进程中获取人口红利的经验，以及吸取部分国家错失人口红利并跌入"中等收入陷阱"的教训，以便更好地发挥人口因素在经济增长过程中的作用，在未来尽可能地延长这种有利于经济发展的人口形势以及通过二次开发拓展人口红利的新来源，有效发挥人口红利效应并尽可能消除地区经济发展差距，是摆在我们面前的关乎我国经济长期增长和区域协调可持续发展的重要课题。

本书在区域协调发展视角下，基于人口转变的研究背景分析经济增长过程中人口因素的影响与作用。根据包含劳动力数量、劳动力转移以及劳动力人力资本的三维分析框架，用实证分析的方法分别探讨三种类型的人口红利对经济增长的作用以及对区域经济发展产生的差异。本书的研究从理论和实证两个方面丰富并充实了现有的相关文献资料。本书由六章组成，具体如下。

第1章绪论，是全书研究的基础和铺垫。首先介绍了研究背景及选题意义。其次是文献回顾与研究述评。一方面，分析人口红利的形成过程、现状以及未来发展趋势；另一方面，分析人口红利与经济增长的关系，研究人口红利是如何影响经济增长的，以及人口红利对经济增长的贡献。在此基础上，对已有的文献进行述评。再次，介绍本书的整体研究思路以及所采用的研究方法。最后，对全书的研究内容以及所用的研究数据进行了介绍。

第2章是本书的理论分析部分。在现有人口红利理论的基础之上，提出本研究的理论分析框架。本部分首先对人口红利的内涵进行拓展，探索经济增长过程中人口因素起正向作用的基本要件，并介绍包含数量、结构和素质三个来源的三维红利分析框架。其次，分别从劳动力年龄结构、劳动力转移和劳动者人力资本三个方面分析三种类型的人口红利对经济增长的作用机制以及实现途径。最后，本部分还对三维人口红利的相互作用机制以及与经济增长的关系进行了探讨。

第3章至第5章是本书的实证分析部分。第3章探讨人口数量红利与经济增长差异。在分析人口转变过程中人口年龄结构变化及中国经济增长特征的基础上，对经济增长率进行因素分解，测算人口数量红利对整体经济增长的贡献以及区域经济增长的作用。

第4章探讨人口结构红利与经济增长差异。在分析中国人口变化与劳动力转移特征的基础上，采用 shift-share 分析法分析改革开放以来我国经济增长过程中不同时期由劳动力在不同产业之间转移带来的静态和动态转移效应，以及 2000—2016 年不同地区劳动力转移的经济增长效应。通过利用华东地区 6 省 1 市的数据，用实证分析的方法考察劳动力转移与经济增长之间的关系，对劳动力转移驱动经济增长的作用机制进行再检验。此外，本章还通过构建一系列指标体系探讨了人力资本聚集、城镇化与产业结构升级之间互动关系。

第 5 章探讨人口素质红利与经济增长差异。首先对人力资本及其经济增长贡献展开了分析。其次，分析了不同人力资本存量测度方法的优劣并基于调整后的 J-F 终生收入法测算我国的人力资本存量。根据估算所得的历年中国人力资本存量构建超越对数生产函数模型，并采用偏最小二乘法测算经济增长的整体人口素质红利的大小。同时，本章还对全国 31 个省、市、自治区 2000—2016 年的平均受教育程度进行了测算和分析，以进一步了解经济增长过程中区域素质红利可能产生的差异。

第 6 章是本书的研究结论、政策含义与未来研究展望。本章首先总结了根据前文理论分析和实证分析得到的三个主要研究结论。在此基础上，根据总结所得的研究结论提出具有针对性的四条政策措施及建议。同时，本章还指出本选题未来可以进一步从人口红利与经济增长的国际比较、人口政策在三维人口红利形成中的作用、三维人口红利对于经济增长的综合作用、缩小三维人口红利地区差异的路径探索等方面展开更为深入的研究。

本书的撰写及成书过程中得到了诸多专家学者的鼎力相助，他们给予了十分宝贵和中肯的建议，在此表示十分感谢！书中对于引用的专家学者们的诸多成果，已经一一在参考文献部分列出。但是，有可能存在疏漏的情况。在此对所有的这些文献作者表示感谢！此外，由于作者的水平有限，书中的不足之处敬请各位专家学者批评指正！

尹秀芳

2019 年 7 月

目　录

第1章　绪　论⋯⋯⋯⋯⋯⋯⋯⋯⋯⋯⋯⋯⋯⋯⋯⋯⋯ 1

1.1　研究背景与选题意义 ⋯⋯⋯⋯⋯⋯⋯⋯⋯⋯⋯⋯ 1

1.1.1　研究的背景与问题的提出 ⋯⋯⋯⋯⋯⋯⋯ 1

1.1.2　选题的理论意义与实际意义 ⋯⋯⋯⋯⋯⋯ 4

1.2　文献回顾与研究述评 ⋯⋯⋯⋯⋯⋯⋯⋯⋯⋯⋯⋯ 6

1.2.1　人口红利的形成、现状与未来趋势 ⋯⋯⋯⋯ 6

1.2.2　人口红利与经济增长的关系 ⋯⋯⋯⋯⋯⋯ 13

1.2.3　对已有文献的研究述评 ⋯⋯⋯⋯⋯⋯⋯⋯ 16

1.3　研究思路与研究方法 ⋯⋯⋯⋯⋯⋯⋯⋯⋯⋯⋯⋯ 17

1.3.1　研究思路 ⋯⋯⋯⋯⋯⋯⋯⋯⋯⋯⋯⋯⋯ 17

1.3.2　研究方法 ⋯⋯⋯⋯⋯⋯⋯⋯⋯⋯⋯⋯⋯ 18

1.4　研究内容与研究数据 ⋯⋯⋯⋯⋯⋯⋯⋯⋯⋯⋯⋯ 18

1.4.1　研究内容 ⋯⋯⋯⋯⋯⋯⋯⋯⋯⋯⋯⋯⋯ 18

1.4.2　研究数据 ⋯⋯⋯⋯⋯⋯⋯⋯⋯⋯⋯⋯⋯ 22

第2章　三维人口红利形成的理论机制分析⋯⋯⋯⋯⋯　23

2.1　三维人口红利概述　⋯⋯⋯⋯⋯⋯⋯⋯⋯　23

2.1.1　人口红利概念的延申　⋯⋯⋯⋯⋯⋯　23

2.1.2　人口红利促进经济增长的基本条件　⋯⋯⋯　25

2.1.3　三维人口红利基本分析框架　⋯⋯⋯⋯　29

2.2　三维人口红利影响经济增长的机理分析　⋯⋯⋯　32

2.2.1　劳动年龄结构影响经济增长的机制和途径　⋯　32

2.2.2　劳动力转移影响经济增长的机制和途径　⋯⋯　36

2.2.3　劳动力人力资本影响经济增长的机制和途径　⋯　39

2.2.4　三维人口红利的相互作用与经济增长　⋯⋯⋯　41

第3章　人口数量红利与经济增长差异⋯⋯⋯⋯⋯　43

3.1　人口转变下的经济增长　⋯⋯⋯⋯⋯⋯⋯　43

3.1.1　人口年龄结构变迁与现状　⋯⋯⋯⋯　44

3.1.2　中国经济增长速度和特征　⋯⋯⋯⋯　47

3.2　人口年龄结构变化对经济增长的红利效应　⋯⋯⋯　49

3.2.1　经济增长率的因素分解　⋯⋯⋯⋯　49

3.2.2　人口年龄结构变化对整体经济增长贡献的测度　⋯⋯　51

3.2.3　人口年龄结构变化对区域经济增长贡献的测度　⋯⋯　55

第4章　人口结构红利与经济增长差异⋯⋯⋯⋯⋯　58

4.1　劳动力转移与中国经济增长　⋯⋯⋯⋯⋯　58

4.1.1　中国人口变化与劳动力转移　⋯⋯⋯⋯　58

4.1.2　不同时期劳动力转移的经济增长效应　⋯⋯⋯　61

4.1.3　不同地区劳动力转移的经济增长效应　⋯⋯⋯　66

4.2 劳动力转移驱动经济增长的作用机制再检验 ……………… 68

   4.2.1 引言 ……………………………………………… 68

   4.2.2 全要素生产率的测算 ……………………………… 69

   4.2.3 模型构建及数据说明 ……………………………… 72

   4.2.4 实证分析及解释 …………………………………… 74

   4.2.5 结论与政策建议 …………………………………… 80

4.3 人力资本集聚、城镇化与产业结构升级互动关系研究 …… 82

   4.3.1 引言 ……………………………………………… 82

   4.3.2 人力资本集聚指标构建及测算 …………………… 82

   4.3.3 PVAR 模型构建及实证分析 ……………………… 85

   4.3.4 结论与政策建议 …………………………………… 92

第5章 人口素质红利与经济增长差异 ……………………… 94

5.1 人力资本及其经济增长贡献 ………………………………… 95

   5.1.1 人力资本的内涵及解释 …………………………… 95

   5.1.2 人力资本贡献的理论分析 ………………………… 99

   5.1.3 简单述评 …………………………………………… 103

5.2 中国人力资本存量估算 ……………………………………… 104

   5.2.1 人力资本存量的测度方法 ………………………… 104

   5.2.2 基于调整后 J-F 终生收入法的人力资本存量估算 … 113

5.3 素质红利与中国经济增长的检验 …………………………… 125

   5.3.1 模型和数据介绍 …………………………………… 126

   5.3.2 经济增长的整体素质红利效应测度 ……………… 131

   5.3.3 各地区平均受教育程度分析 ……………………… 138

   5.3.4 简要结论 …………………………………………… 139

第 6 章 主要结论、政策含义及研究展望······················· 141

6.1 主要研究结论 ······················· 141

6.2 政策含义 ······················· 145

6.3 研究展望 ······················· 150

参考文献······················· 152

第1章 绪 论

1.1 研究背景与选题意义

1.1.1 研究的背景与问题的提出

改革开放以来，我国的人口出生率总体上呈现出下降的趋势。1978年的人口出生率为18.25‰，2017年的人口出生率则下降到了12.43‰[①]。我国人口出生率的下降主要是由两个方面的原因造成的：一是人口转变进程的推进。在每个国家的人口发展进程中，都会经历由高出生率逐渐向低出生率转变的一个过程。20世纪70年代以来，我国的人口转变进程逐步踏入了这一阶段。虽然人口出生率在某些特定年份也会呈现小幅上升，但从总体来看，我国的人口出生率呈现出下降的趋势。二是我国在改革开放之初实施了旨在控制人口数量的计划生育政策。计划生育政策的实施进一步加速了人口出生率的下降，加快了我国人口转变进程的推进。根据世界银行公布的数据显示，1990年我国育龄妇女的总和生育率为2.31，较为接近2.1的人口更替水平。2017年这一比率下降至1.68，远没有达到2.1的人口更

---

① 详见2018年的《中国人口和就业统计年鉴》。

替水平①。综上看来，随着人口转变进程的进一步推进以及中国生育政策的调整，我国当前较低的生育水平已然成为一种常态。如果不采用相关人口政策加以调控，我国低出生率的现状将不会得到改变，生育水平将继续维持在一个较低的水平之上，这将不利于整个国家的经济发展。因此，我国出台了"二孩"政策，生育水平有所提高。

在人口出生率开始下降的一定时期内，出生率的下降降低了整个社会的抚养负担，前期高出生率下积累的大量新生人口逐渐进入劳动年龄人口之列。整个社会的人口结构逐渐趋于年轻化，富有生产力的劳动年龄人口较为丰富，而 15 岁以下的少儿人口和 64 岁以上的老龄人口数量相对较少。由数量庞大的劳动年龄人口形成的人口结构优势为整个社会的经济增长提供了丰富的劳动力资源，对于这些劳动力资源的有效利用就能形成经济增长过程中的人口红利。但是，随着人口出生率的进一步下降，可能成为潜在劳动力的新生人口数量并未大幅度增加，而前一阶段具有优势的劳动力资源随着他们逐渐进入老年人口之列而导致原先享有的人口年龄结构优势日渐变小。随着人口转变进程的继续，这种人口优势最终会趋于消失。随之而来的是 65 岁及以上老年人口的大幅度增加，整个社会的人口结构趋于老龄化。当前我国的人口年龄结构优势并没有消失，如何有效地发挥这种劳动年龄人口比重较高的优势，并最大可能地实现经济增长过程中的人口红利是我国当前面临的一大重要问题。同时，随着人口年龄结构转变进程的进一步推进，每个国家都会不可避免地面临人口结构老龄化的问题，人口结构优势也会随之消失。如何在人口年龄结构优势消失之后拓展新的人口红利来源，减少人口老龄化对经济增长的负面影响，降低中国跌入"中等收入陷阱"的风险，并继续在经济增长过程中实现人口红利是亟须解决的另一重要问题。另外，人口红利与区域经济发展之间存在着密不可分的关系，人口红利效应的发挥

---

① 李扬主编，李平、李雪松、张平副主编：《经济蓝皮书：2015 年中国经济形势分析与预测》，北京：社会科学文献出版社，2014 年，第 245 页。

会影响地区经济水平，这也是造成区域间发展差异的重要因素之一。党的十九大报告明确指出当前"发展不平衡不充分的一些突出问题尚未解决"，提出要"实施区域协调发展战略，建立更加有效的区域协调发展新机制"。事实证明，人口红利效应的发挥有利于区域经济的发展，但并未能消除地区经济之间的发展差距。相反，人口红利自身大小的差异可能拉大了地区之间的发展差距。随着人口转变的进一步推进，传统人口红利逐渐减少，人口红利面临着二次开发的问题。

要有效解决上述几个方面的问题，需要我们对人口红利相关的一系列问题进行深入思考和探索。第一，针对有效发挥人口年龄结构优势以最大可能地实现经济增长过程中的人口红利这一问题，需要了解当前我国的人口年龄结构处于一种什么样的状态，是继续维持人口结构优势并以一定速度增长，还是人口结构优势已经达到了顶峰，抑或是这种优势开始呈现出下降的趋势？无论是处于哪一种状态，我国人口转变过程中的劳动年龄结构优势能够持续多长的时间？有哪些因素会影响人口结构优势的持续时间长短，在这些影响因素中哪些因素又是起主导作用的，而哪些因素的重要性却并不是很大？可以采取什么样的方法措施来对这些影响因素进行调控，以期延长人口年龄结构优势的持续时间？同时，需要弄清楚人口转变过程中人口因素对经济增长的作用机制是什么，这种传导过程是如何实现的？人口年龄结构优势对经济增长的影响途径和渠道有哪些？怎样才能消除阻碍经济增长过程中人口结构优势有效发挥的不利因素？应该采取什么样的政策措施和制度安排才会更有利于实现经济增长过程中的人口红利？第二，针对每个国家在人口转变过程中都不可避免地会出现人口结构老龄化的问题，需要分析我国的人口形势大概会在什么时间进入老龄化阶段，有没有切实可行的措施可以延缓人口结构老龄化在中国的出现时间？当整个社会的人口结构趋于老龄化之后，是否能够针对老龄化的现状变人口劣势为优势，有效利用人口老龄化的现状并配合合适的政策从老龄化的视角拓展人口红利？在人口年龄结构优势消失之后，有没有其他的渠道或方式可以拓展人口红利的来源来实现经济增长过程中新的人口红利，以弥补人口结构优势不可持续性的遗憾？第三，需要分析各地区在收获人口红利上的差异以及造成这些差异的影响因素有哪些，同时研究缩小地区经济发展差距的针对性政策及措施，有效促进区域经济协调可持续发展。

针对上面提到的一系列问题，本书拟采用理论分析和实证研究相结合的方式，一方面分析人口年龄结构优势对经济增长的作用机制和途径，探索经济增长过程中人口红利的实现方式，并试图分析延长人口转变过程中人口年龄结构优势存续时间的途径；另一方面，本书针对每个国家在人口转变过程中都会遇到人口结构老龄化的问题，探讨如何在老龄化的背景下进一步发挥人口因素在经济增长过程中的作用。此外，本书还试图探讨不同形式人口红利的区域差异问题。因此，其他形式新的人口红利来源的探索是本书关注的重点。本书的核心内容在于通过建立一个人口红利的系统性分析框架，除了从人口转变过程中的劳动年龄结构优势角度探讨人口红利在经济增长过程中的作用之外，进一步从劳动者转移和素质提升等多个方面挖掘人口红利新的来源并测算它们在经济增长过程中的作用，以弥补前者在人口转变过程中不可持续性的缺憾，从而最大限度地发挥人口红利对各个时期以及在不同地区的经济增长的作用。

1.1.2 选题的理论意义与实际意义

经济增长的影响因素涵盖了物质资本、劳动力、技术、制度、对外开放等等。从人口学的视角看，人口因素对经济增长的影响十分重要。21世纪10年代开始，中国经济结束了快速增长期，经济增长速度逐渐变得平缓，由此进入一个比较平稳的中高速增长阶段，学界称之为经济增长的新常态[①]。作为经济发展过程中一个至关重要的阶段，经济新常态下中国需要通过结构优化和技术创新等多种方式进一步挖掘经济增长的新源泉。与此同时，当前中国由前期高生育率累积形成的人口年龄结构优势正在逐步

---

① 李建波：《怎样看中国经济新常态》，《学习时报》2014年10月23日。

变小。随着时间的进一步推移，这种优势会越来越小，直至消失。在此基础上形成的人口红利相应地也会发生从大到小的变化，并有可能最终削减至零。虽然不同学者对于中国"刘易斯拐点"是否来临的问题持有不同意见，但是有目共睹的一个事实是当前中国的劳动力成本已经日益上升。因此，如何学习其他国家在人口转变过程中的经验的同时吸取失败的教训，更好地利用现有的人口红利来消除地区经济发展差异并促进我国经济的整体协调发展，并进一步挖掘和开发新的人口红利来源，这一问题显得尤为重要，事关中国经济未来能否实现的长期的可持续发展。

因此，基于人口转变的大环境分析和探讨经济增长过程中的人口因素是如何发挥作用的、作用的大小以及何种政策和制度安排更有利于中国实现经济的高质量发展至关重要。以往的研究都是基于新古典经济学的分析框架，分析人口年龄结构变化所引致的社会抚养负担的变化对经济增长的影响，即人口数量红利对经济增长的作用。事实上，除了人口转变所带来的劳动年龄人口比重变化及劳动力数量增加以外，人口转变背景下劳动力在城乡之间及第一、二、三产业之间的转移变换和劳动力素质提升也会形成促进经济增长的"人口红利"，即人口结构红利和人口素质红利[1]。这样一来，传统的人口数量红利和人口结构红利、人口素质红利形成了三维人口红利框架，可以从人口数量、人口结构和人口素质三个维度来分析人口转变对经济增长的作用。这是继新古典经济学的理论分析框架之后的一个新的三维分析框架，不仅拓展了人口红利概念、深化了人口红利理论，而且还有利于分析经济增长的影响因素、丰富经济学的相关理论。因此，该研究具有很大的理论意义。

另一方面，从现实环境看，当前我国正处在许多专家预测的人口红利的"拐点"[2]。虽然不同的研究者对这一拐点的到来时间存在着一定的差

---

① 杨云彦、向华丽、黄瑞芹在《"单独二孩"政策的人口红利效应分析——以湖北省为例》一文中指出人口红利应该由人口数量红利、人口结构红利和人口素质红利三个方面组成。

② 来源于人民日报记者田俊荣对蔡昉的采访：《人口红利拐点已现》，《人民日报》2013年1月28日第017版。

异①，但是不可否认的一个共同点是随着人口转变进程的推进，中国将不可避免地进入老龄人口比重较大的人口环境中。面对这样的人口转变趋势，在现有的条件下分析劳动力在城乡及不同产业之间转移和劳动力素质提升对经济增长的影响机理显得尤为重要。只有弄明白两者对经济增长的影响方式和影响途径，才能更好地采取有效措施来发挥它们对经济增长的作用，从而在一定程度上弥补劳动力数量优势消失有可能带来的不利影响，尽可能地充分利用现有的劳动年龄结构优势，并为未来人口红利的保持提供新的途径和方式。同时，也才能够有效缩小地区经济发展差距，为推动实施区域协调发展战略提供依据。更为重要的是，为我国现行低生育率水平下生育政策的调整提供依据和建议。从这两点来看，该研究具有迫切及重大的现实意义。

1.2 文献回顾与研究述评

1.2.1 人口红利的形成、现状与未来趋势

本部分从人口红利的形成、现状及未来发展趋势三个方面来回顾现有的人口红利研究，了解人口红利的起因、人口红利在不同时期的发展变化、当前中国人口红利的水平以及其今后的发展方向。

1.2.1.1 人口红利的形成

对于人口红利的考察，不可避免地会涉及贯穿人类发展过程中的人口转变理论。人口转变是经济增长过程中收获人口因素正效应的基础，因此在展开本书的相关研究之前有必要对人口转变理论进行分析。随着人口转变过程的演进，不同时期的人口形势会呈现出各自不同的特征。学者们

---

① 由于学者们的研究视角以及采取的判断依据并不一致，导致他们当前对于由劳动年龄结构优势产生的人口数量红利持续时间的长短以及拐点出现的时间点的看法未能达成一致。但一种较为普遍的观点认为 2013 年左右是中国人口红利的拐点。

基于他们自己的观察视角和相关研究对人口转变的过程进行了阶段划分，比较常见的阶段划分方法有三阶段论（Thompson，1929；Landry，1934；Notestein，1945）和五阶段论（Blacker，1947；Coale，1958）①。三阶段论的倡导者们根据人口发展变化过程中出生率和死亡率的不同期变化，把人口转变过程划分为原始、中级和当代三个阶段②③。他们同时对出生率和死亡率的下降原因进行了探讨，把死亡率的下降归因于医疗条件和生活条件改善所带来的人类平均预期寿命的延长，而出生率下降的原因更多在于人们为了追求更好的生活水平而主动减少生育子女的数量，具有较低的生育意愿。人口转变的五阶段论则是在三阶段论的基础上对人口转变阶段做了更为细致的划分④。在这两种不同人口转变阶段的划分方式中，三阶段论的应用范围相对较为广泛。虽然学者们对于人口转变的阶段划分看法并没有达成一致，不同国家的人口转变过程也会因为每个国家外部环境的不同而存在着较大差异，但不可否认的是，人口转变的过程有它自身的一定规律，每个国家的人口转变过程都会经历一个特定的阶段。在这一阶段中，死亡率会先于出生率开始出现下降的趋势，导致由"高出生率、高死亡率、低自然增长率"的人口状态逐步转变为"高出生率、低死亡率、高自然增长率"。随着人口形势的进一步发展变化，出生率也会逐步下降，进而由"高出生率、低死亡率、高自然增长率"的人口状态进一步转变为"低出生率、低死亡率、低自然增长率"，并最终维持在一个低水平的均衡状态上。但是在这一人口转变的阶段转换中，死亡率和出生率的下降起始时间和速度并不完全相同。技术进步带来的医疗条件和生活环境的改善等原

---

① J. C. Chesnais. The Demographic Transition Theory，Population and Development：Challenges and Opportunities，1992.

② William S. Thompson，Population，American Journal of Sociology，Vol.34，No.6，1929，pp.959-975.

③ Dudley Kirk，Demographic Transition Theory，Population Studies，Vol.50，1996，pp.361-387.

④ 杨云彦著的《中国人口迁移与发展的长期战略》一书第6～7页中有对Blacker和Coale五阶段论较为详细的阐述。

因使得人们的平均预期寿命得以延长，死亡率逐渐开始下降，此时出生率的下降尚未开始，两者之间存在一定的时间差。由于两者下降时间和速度的差异性，人口转变过程在达到最终的"低出生、低死亡"的均衡状态之前会出现一个出生率相对较高而死亡率相对较低的中间状态。当前一阶段高人口出生率下的大量出生人口逐步成为劳动年龄人口时，与此相对应的出生率已经开始下降到一定的水平。因此，在较低的人口出生水平和较为充沛的潜在劳动力资源两者共同作用下，一个国家的劳动年龄人口比重相对较高，而社会抚养负担相对较轻。这样的一种人口年龄结构由于具有较为丰富的劳动力资源而十分有利于整个国家的经济发展。由人口年龄结构优势带来的经济增长也被人口学家称为"人口红利"[1]。随着人口转变进程的持续推进，出生率会继续下降直至一个较低的水平，前一阶段具有优势的劳动年龄人口由于年龄的增长逐渐开始退出劳动力市场，由此形成数量庞大的老年人口，整个社会的人口年龄结构逐步趋于老龄化。

1.2.1.2 人口红利的现状

如前所述，由人口年龄结构优势所形成的人口红利并不是时时刻刻存在的，而只会出现于人口转变的某一特定阶段。我国的人口转变过程始于新中国成立初期。在新中国成立之初，我国的人口形势处于高出生和高死亡的人口转变初始阶段。随着人口死亡率的逐步下降，中国在20世纪70年代之前经历了人口快速增长的时期，由此积累了大量的新生人口。70年代初期我国的人口出生率开始下降。进入70年代末期，中国实施了旨在控制人口增长的计划生育政策。中国从新世纪以来对计划生育政策作了进一步的调整，旨在通过人们生育行为的变化来改善人口结构并提升整个社会的人力资本水平。计划生育政策的实施加速了中国的人口转变进程，具有劳动年龄结构优势的人口转变中间阶段也随之提

---

① 这也是人口红利概念的最初来源，已有的相关文献对于人口红利相关问题的探讨也是基于这一概念展开的。

前到来。根据国家公布的统计资料 [①] 显示，1953 年、1964 年、1982 年以及 2010 年中国的人口总抚养比分别为 68.61%、79.40%、62.60% 和 34.20%。分析其变化趋势可以发现，2010 年的总抚养比约是 1953 年的一半。其中，1953 年至 1964 年间总抚养比的提升是因为人口高出生率所导致的。1964 年至 1982 年间以及 1982 年至 2010 年间总抚养比的下降归因于我国人口政策的调整和实施。自 2010 年以来，中国的人口抚养比又略有回升，2017 年达到了 39.20%，较高的劳动年龄人口比重以及较轻社会人口抚养负担为整个社会的经济发展提供了一个很好的机会。如果能够及时抓住这一十分有利的"人口窗口" [②]，经济将获得长足有效的发展。

大部分学者把总抚养比在 50% 以下的时期界定为可以获取人口红利的时期。按照这一判断标准，1990—2030 年我国的社会总抚养负担均在 50% 以下，属于人口红利的存续时期 [③]。也有学者认为我国的人口红利期始于 1980 年，2010—2015 年为人口红利的顶峰，而到 2020 年左右逐渐趋于消失 [④]。类似地，任福兵和郭强（2010）的研究认为中国的人口红利始于 20 个世纪 80 年代初期，消失于 2030 年左右。部分学者则并不认同上述以总抚养比为判断标准的人口红利期界定方式。陈友华（2005）认为当整个社会的总抚养比低于由 1957 年的瑞典生命表计算的抚养比 5% 时，就说明人口红利存在。按照此方法，中国的人口红利期开始于 20 世纪 90 年代，结束于 2030 年左右。车士义（2009）则认为判断是否存在红利的上述第一种方法过于粗略。在他看来，只是通过考虑总抚养比来判断人口红利的存在与否是远远不够的，这种方法会造成对人口红利期的误判。他建议在考

---

① 1953 年、1964 年、1982 年和 2010 年 4 个年份的抚养比数据均来自 2013 年的《中国人口和就业统计年鉴》。

② 杨云彦：《人口红利与新农村建设》，《市场与人口分析》2007 年第 4 期，第 31 页。

③ 刘家强、唐代盛：《关于人口红利问题的几点思考》，《市场与人口分析》2007 年第 4 期，第 34 页。

④ 于宁：《"后人口红利时代"中国的挑战与机遇——基于老龄化经济影响的视角》，《社会科学》2013 年第 12 期，第 87 页。

虑人口总抚养比的同时，还需要考虑到整个社会的人口老龄化程度。当人口抚养负担在 50% 以下，同时整个社会的老龄人口比重在 10% 以下时，经济发展过程中才有可能获得人口红利。否则，当按照第一种判定方法社会总的抚养负担在 50% 以下但老龄人口比重要大于 10% 时，人口老龄化所带来的劣势会抵消劳动年龄人口比重高的优势，导致人口红利不再存在。在这种判断方式下，我国的人口红利存在期间为 1990—2015 年，共计 25 年。虽然不同学者对于人口红利是否存在具有不一样的判断标准，根据不同界定方法得到的红利持续期间也不一样，但是从总体上来看，我国的人口红利期大致始于 20 世纪八九十年代，终结于 21 世纪的二三十年代，整个过程持续四十至五十年左右，而车士义（2009）的观点则由于其判断标准的严格性导致所得到的人口红利期持续时间要相对较短。在整个红利的存续期间，我国的总抚养负担经历了一个先下降后上升的过程。

从人口红利的形成及存续时间来看，人口红利并不是永久存在的，而是呈现出阶段性和临时性的特征，是出现于人口转变过程中的一个非常短暂的时期。同时，人口红利的获取还要依赖于人的因素，即劳动者素质的高低。在我国 20 世纪八九十年代，即人口红利的初期阶段，我国劳动力的人力资本水平普遍偏低。虽然近些年来劳动者的受教育水平和劳动技能等得到了不同程度的提升，但总体上看我国的人口红利呈现出低质性的特征。

1.2.1.3　人口红利的未来发展趋势

由人口转变所带来的经济增长效应一直是学界讨论的热门话题。近年来，对于中国人口转变背景下人口红利的探讨如火如荼。由于劳动年龄人口比重的动态变化，从 21 世纪初开始，大量研究利用公布的宏观数据对中国人口红利的持续时间进行了估算和预测，得出人口红利非持久性的结论，认为随着人口转变的进一步推进，中国也会像其他已完成人口转变的国家一样，当前享有的人口红利最终会消失，并且预测这一转折点会在

2013 年左右①。之后有关人口红利的研究主要可以分为两类：一类是关于如何合理利用好现有的人口红利期来最大限度地促进经济增长；另一类则是面对即将消失的人口红利，如何对人口红利进行进一步拓展，"新型人口红利"②③"第二人口红利""质量型人口红利"④⑤⑥⑦等概念纷纷被提出。

　　一方面，由劳动年龄结构优势所形成的人口红利的阶段性和低质性引发了学者们对于如何延续人口红利的思考。Mason 和 Lee（2004）认为人口转变过程中由于生产性人口和消费性人口增长率变化的不一致所引起的人口年龄结构变化是经济过程中人口红利产生和消失的主要原因。东亚以及许多发展中国家在人口转变过程中享受到的人口红利来源于这些国家几十年来出生率的持续下降导致的少儿人口数量增长速度较慢，而前一阶段高出生率下累积的大量少儿数量逐步迈入劳动年龄人口，从而使得劳动年龄人口保持较快的速度增长，形成整个社会的劳动年龄结构优势。在人口转变的这一阶段，整个社会富有较强的生产能力。然而，随着人口转变的进一步推进，富有生产力的大量劳动年龄人口不可避免地会进入到老年人口之列，劳动年龄结构优势随之转变成劣势，整个社会的人口结构趋于老龄化。随着具有生产性的劳动年龄人口数量的日益减少，人口红利也随之消失。这一阶段的人口红利也被称之为"第一人口红利"⑧。

---

　　① 蔡昉：《"人口红利"消失的隐忧》，《中国企业家》2006 年第 7 期，第 96-97 页。

　　② 唐代盛：《以新型人口红利破解中等收入陷阱》，《中国报道》2013 年 1 月，第 26-27 页。

　　③ 涂舒、周宇：《转型期中国经济增长的新源泉：新型人口红利》，《现代经济探讨》2013 年第 11 期，第 16-20 页。

　　④ 张华强：《让质量型人口红利入账》，《人力资源》2012 年 12 月，第 28-30 页。

　　⑤ 井水明：《让人口红利向质量型转变》，《证券时报》2013 年 2 月 25 日第 A03 版。

　　⑥ 李钢：《工业将是充分获取质量型人口红利的重要平台》，《中国经济导报》2015 年 2 月 7 日第 B01 版。

　　⑦ 郭磊、韩玉玲：《质量型人口红利及其良好开端》，《光明日报》2015 年 8 月 19 日第 015 版。

　　⑧ Andrew Mason, Ronald Lee, Reform and Support Systems for the Elderly in Developing Countries: Capturing the Second Demographic Dividend, International Seminar on the Demographic Window and Health Aging: Socioeconomic Challenges and Opportunities, China Centre for Economic Research, Peking University, Beijing, April 29, 2004, pp.1-21.

另一方面，人口红利的来源随着人口转变的推进以及国内外研究者们研究的深入得以进一步挖掘。Mason 和 Lee（2004）针对人口红利的短暂性提出了"第二人口红利"的概念。随着人口结构的老龄化，整个社会的抚养负担加重。人们会预计到这种即将到来的变化，从而产生强烈的储蓄意愿。为了维持未来的消费，人们会在一定程度上降低当前的消费水平，并通过多种形式进行资产的积累，整个社会的储蓄水平由此得到提升。储蓄水平的提升为增加投资和扩大经济产出提供了可能，由此实现的经济增长便是"第二人口红利"。与前面由人口年龄结构优势所形成的人口红利不同，这种类型人口红利虽然也产生于人口转变的过程中，但是其主要原因是劳动者和资产所有者这两类人的数量产生了变动。由于老年人口逐步减少初期的消费，导致这一部分人口数量的增加势必会提升整个社会的储蓄率。社会资产的增加扩大了生产投资，由此带来劳动生产率的提升和资产性收入的增加，经济增长过程中的人口红利随之实现。依靠储蓄率的提升和资产的累积所实现的人口红利是老龄人口所呈现出的一个持久性特征，它拓展了人口红利的来源，弥补了由于劳动年龄结构优势的阶段性所导致人口红利不可持续性的缺憾。当然，这种人口红利并不是自动能够实现的，需要取决于一系列前提条件。最基本的条件是在具有有限资源的经济社会中，面对人口环境的变化通过改变当期消费行为来最大化地实现资产的积累以及未来消费水平的维持。同时，这也需要政府相关制度和政策的配合，因为政府的制度安排和政策措施会影响到人们的行为[①]。

除了"第二人口红利"作为人口红利的一种拓展渠道之外，还有部分学者从劳动力的流动和素质提升等多个方面探讨了人口红利的未来趋势以及如何延续现有的人口红利。穆光宗（2008）拓展了对于人口红利的看法，他认为除了由人口转变所带来的红利之外，更为重要的是对人力资本进行投资和开发，通过劳动者受教育水平的提升、劳动力流动实现的就业增加

---

① Ronald Lee, Andrew Mason, Population Aging, Wealth, and Economic Growth: Demographic Dividends and Public Policy, WESS Background Paper, January 2, 2007, pp.1-35.

以及老年人口的再利用等多种渠道拓展人口红利，弥补现有人口红利存续期短的不足。胡鞍钢和才利民（2011）则认为人力资本水平的提升有利于促进劳动力的流动以及劳动参与率的提高，造就了人口红利的数量和质量随着人力资本水平的提升而得以上升。杨云彦等（2014）的研究认为除了通过老龄化社会储蓄率的增加延伸人口数量红利之外，城镇化过程中通过劳动力转移实现的人口结构红利和劳动者综合能力提升所实现的人口素质红利是人口红利得以延续的另外两个重要维度。

1.2.2 人口红利与经济增长的关系

本部分人口红利与经济增长关系的探讨主要分为两个方面：第一个方面主要是分析人口红利是如何影响经济增长的，第二个方面则是分析人口红利对经济增长的贡献。下面分别具体阐述这两方面内容。

1.2.2.1 人口红利如何影响经济增长

人口出生率的变化会通过影响人口总量和人口年龄结构的变化对经济增长产生一定的影响。这是人口红利产生之初相关研究者们探讨丰富的劳动年龄人口数量与一个国家或地区经济增长之间关系的逻辑起点。伴随着人口转变的进一步推进，人口红利的相关研究日益深入。国内外学者们的视角开始从关注劳动年龄人口数量转向劳动者的平均受教育程度、人均预期寿命以及劳动力在第一产业、第二产业、第三产业之间转移和城乡之间流动诸如此类与人口红利相关的一系列问题。基于此，本书从劳动力数量、劳动力转移、劳动力人力资本与健康几个维度进行对这一主题展开进一步探索和研究。

第一，劳动力数量增加有利于提高经济生产活动中的劳动参与率，整个经济会因为劳动参与率的提高而得到增长。丁守海和丁洋（2019）认为劳动作为有形的生产要素之一，会促进一个国家或地区的经济增长。早期的人口红利关注通过劳动力数量的增加提升经济利润并促进资本积累。顾和军和吕林杰（2015）认为提高女性劳动年龄人口的劳动参与率是提升人口红利的途径之一。通过适龄女性加入劳动力市场并提升劳动效率有助于缓解当前人口红利减缓的不利局面。朱宇和刘爽（2019）通过研究发现，人口转变进程中劳动年龄人口规模的扩大在一定程度上能够有效促进经济发展。

第二，劳动力在城乡之间流动和产业之间转移有利于促进经济增长的主要原因在于城乡和不同产业间的劳动力在人口结构上存在着较大的差异。以三次产业为例，首先，数量庞大的年轻剩余劳动力存在于第一产业内部，但其并不能充分利用这些富有生产能力的劳动适龄人口，导致劳动力资源出现闲置。未被有效利用的劳动力资源降低了整个产业内部的劳动生产率，因此对经济增长过程中人口红利的获取产生一定的负面影响。其次，第二产业和第三产业内部则存在着劳动力短缺的现象，二、三产业存在的岗位空缺亟需数量丰富的劳动适龄人口予以填补，以带来更为快速的经济增长。总之，劳动力在三次产业之间转移存在明显的优势：一方面第一产业内部劳动力过剩问题得以缓解，另一方面第二、三产业的经济可以实现更快更好的发展。

第三，人力资本水平的提升对经济增长的作用主要体现在两个方面：首先，虽然人力资本水平提升有诸多方式，但各级教育和多种形式的培训是首当其冲的，也是最为重要的。一个社会劳动者整体人力资本水平的提升既可以提升劳动者的生产劳动效率、避免低效率，同时又可以缓解劳动者和岗位之间存在的结构性不匹配问题，减少失业人员与空缺岗位同时并存的现象。因此，通过生产效率的提升以及潜在劳动力向现实劳动力的转化，经济增长得以进一步实现。其次，劳动者整体人力资本水平的提高和综合能力的提升意味着创新以及技术的可能性大幅度提升，这可以带来相当丰厚和长远的回报，并且这种回报是传统物质资本投资所远不能及的。

1.2.2.2　人口红利对经济增长的贡献

测算人口红利对经济增长的贡献最常见的方法是采用数量型指标进

行衡量,如劳动者人数、各类抚养比等等。Bloom、Canning 和 Malaney(1999)认为在测算人口红利贡献时,抚养比指标或者是劳动人口占比指标要优于生育率及死亡率指标。陈友华(2008)对不同年份经济增长过程中人口红利的作用研究发现,人口红利的作用大小呈现出逐年增加的趋势。1985 年的贡献率为 5.08%,2006 年的贡献率则增长到了 13.36%。Zheng 和 Hao(2010)利用 16 年的分省数据探讨了人口抚养比对经济增长的影响。研究发现老年抚养比和少儿抚养比对增长的作用并不一致。前者对经济增长的作用并不明显,而后者能对经济增长起到正向作用。可以发现,研究者们对人口红利经济增长贡献的研究侧重点各不相同。由于选择了不同时期、不同数据以及不同模型,所得到的结论相差甚大。测算人口红利对经济增长的贡献的第二种方法是把劳动年龄结构的变化从其他人口因素中剥离出来,单独探讨由人口结构变化所带来的经济影响。华小全(2015)对 1989 年至 2012 年中国经济增长的影响因素进行分析后发现,2000 年之前经济增长中劳动年龄结构的贡献约为 5.17%,2000 年至 2010 年的贡献约为 5.98%,而 2010 年之后的贡献则为负数,即出现了负利。测算人口红利对经济增长的贡献的第三种方法主要是通过考查人力资本提升带来的经济增长来衡量人口红利的贡献度。洪梦茹(2015)的研究发现 1990 年至 2012 年期间经济增长过程中人力资本的贡献率在 6.23% 到 6.27% 之间。

可见,不同学者有关经济增长过程中人口红利所起作用的研究结论存在较大差异。究其原因,不同文献所采纳的测算方法的不一致是影响结论差异的一个重要方面。下文对测算人口红利促进经济增长贡献大小的研究方法进行探讨。从已有的文献来看,通常至少有三种不同类型的研究方法。一是通过各种不同的方式建立包含人口抚养比在内的柯布 – 道格拉斯生产函数变异形式,同时把历年各地区统计年鉴作为数据来源,构建模型进行实证分析。此类文献以王悦和马树才(2016)、杨成钢和闫东东(2017)、王晓玲等(2017)为例。二是采用因素分解法进行测算。此方法主要分解出经济增长过程中抚养比增长所带来的影响大小,以此表征人口红利的大小。该类研究方法以华小全（2015）、肖祎平和杨艳琳（2017）、蔡昉（2017）为例。三是测算经济增长过程中人口红利作用大小时因变量用储蓄率指标衡量，核心自变量则用人口年龄结构衡量。这种研究方法以孟令国等（2013）、陈纪平（2017）、李超和罗润东（2018）为例。

1.2.3 对已有文献的研究述评

通过以上对人口红利相关文献的梳理，我们可以发现传统人口红利源自人口转变背景下出生率和死亡率在变化过程中不同步导致出现劳动年龄人口比重较高而少儿人口和老年人口比重相对较低的情形，这为有效提高社会生产率创造了有利条件，即形成一个十分有利的人口机会窗口。如果这一人口机会窗口能得到有效利用，则一个国家或地区的经济增长能够得到快速实现。基于此，早期学者们往往采用一些衡量劳动年龄人口数量的指标如劳动年龄人口数量及比重、劳动参与率等来测算传统人口红利的大小。但是，研究者测算所得的结论存在较大的差别。究其原因，主要是由人口形势不同、估算方法不同、构建的指标不同等诸多因素所造成的。

另一方面，随着人口转变进程的继续，劳动年龄结构优势所带来的这种人口数量红利最终会趋于消失，人口年龄结构必然会趋于老龄化。面对这种不可避免的趋势，如何更好地发挥现有的人口红利对经济的促进作用并延续人口红利的存续时间是摆在当前研究者面前至关重要的课题。如前所述，人口结构转变过程中所带来的人口结构红利和人口素质红利都会通过不同形式的途径对经济增长起作用。而在当前的人口转变背景下，人口结构红利和人口素质红利已经或多或少地对现实经济增长起到了一定作用。但是，现有文献中对于这两种类型的红利对经济增长的影响机理、贡献率的大小以及如何进行测算的内容研究相对较少。由此看来，今后加强对这一方面内容的研究不仅关乎中国经济的长期增长以及区域经济的协调发展，更是我国各类政策调整的依据所在。

1.3 研究思路与研究方法

1.3.1 研究思路

根据先提出问题，再进行理论分析和经验分析，最后得出研究结论并提出有针对性的政策建议的一般研究思路，本书首先基于现有人口红利理论对人口因素在经济增长过程中的作用进行理论分析。在此基础上，本书构建了人口红利的三维分析框架对相关问题进行实证分析，系统探讨了人口转变过程中劳动年龄结构优势对经济增长的影响以及面对未来人口结构优势即将消失的局面如何从多个渠道进一步拓展人口红利的来源，以便延续经济发展过程中人口因素的正面影响，在劳动年龄结构优势消失之后仍然可以获取到人口红利，并在一定程度上缩小区域经济发展之间的差距，促进整个经济的协调可持续发展。

本书的研究思路如图 1-1 所示。

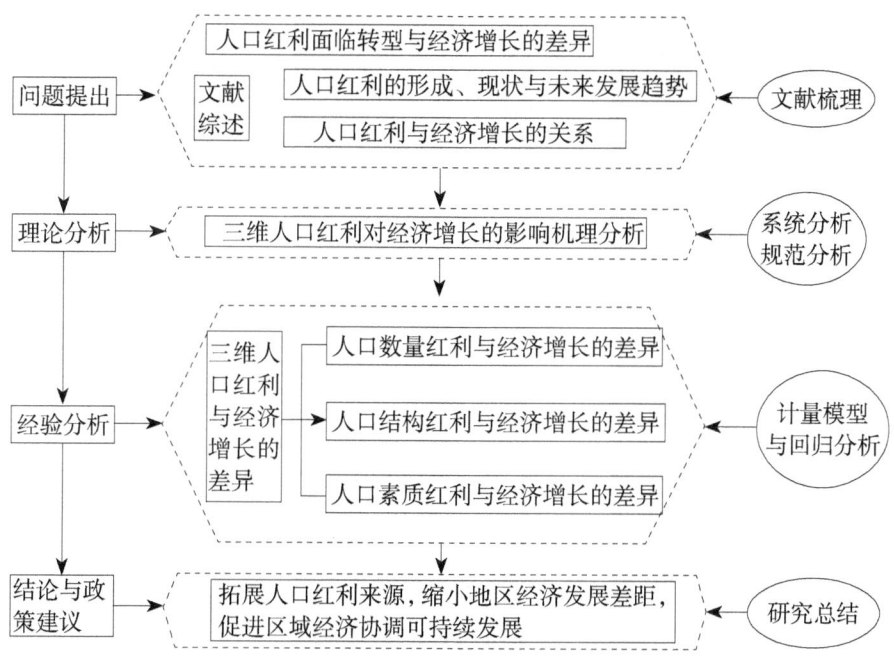

图 1-1 本书研究框架图

1.3.2　研究方法

本研究基于各类宏观统计数据以及微观抽样调查数据，综合人口经济学和人口社会学等相关学科的主要理论观点，以统计学提供的相关工具方法为基础，通过文献研究、宏观统计分析、问卷调研、微观计量分析等多种分析方法开展人口红利与经济增长问题的相关研究。本书采用的具体研究方法主要有以下几种。

（1）文献研究法。本书在广泛收集并阅读国内外相关文献的基础之上，掌握当前国内外关于人口红利与经济增长相关研究的理论前沿和最新动态，梳理人口红利与经济增长的基本理论关系，探讨人口红利对经济增长的作用机制，为本次研究的选题以及后期的写作打下基础。

（2）比较分析法。本书运用比较分析法分析中国人口转变历程中不同时期以及不同地区三种类型的人口红利对经济增长所起的作用，以深入了解不同影响因素对于经济增长的作用机制、影响程度以及贡献的大小。

（3）计量分析法。使用 Eviews、SPSS、STATA、SIMCA-P 和 FRON-TIER 等计量统计分析软件对研究过程中的时间序列数据和横截面数据等相关数据进行分析，建立随机前沿生产函数模型、多元回归模型，并采用普通最小二乘回归、偏最小二乘回归等多种计量分析方法进行人口红利与经济增长的相关问题研究。

1.4　研究内容与研究数据

1.4.1　研究内容

本选题基于三维红利分析框架，具体将人口红利划分为由劳动年龄结构产生的人口数量红利、由劳动力转移带来的人口结构红利以及由人力资本提升形成的人口素质红利三个方面，分别考察它们在经济增长过程中的作用机制和实现途径以及对经济增长产生的影响及差异。本选题的主要研究内容包含以下四个部分。

第一部分首先介绍了研究背景与选题意义，基于人口红利面临转型与区域经济发展不平衡的客观事实，对当前人口政策下的中国人口转变历程，人口红利的形成、现状及未来发展趋势进行基本描述，对人口红利与经济增长的关系进行理论概述和总结，并对整个选题的研究思路、测算人口红利在经济增长过程中贡献程度的方法进行了介绍。同时，对选题的主要研究内容及所使用的研究数据进行了阐述。本部分主要从绪论中可以体现出来。

第二部分是以中国人口政策所形成的特殊人口转变过程为背景，对人口红利的内涵进行拓展和延伸，从理论上分析三维人口红利是如何形成的。中国的人口红利最初形成于人口转变过程中的劳动年龄结构优势。随着人口转变进程的继续推进，有利于经济增长的这种人口结构优势逐渐变小直至消失，人口红利也因此显现出不可持续性。面对人口红利存在时间的短暂性，如何拓展人口红利的来源成为关键问题之一。鉴于此，本书基于三维红利理论分析框架，从年龄结构、劳动力转移及人力资本分别探讨人口红利对经济增长的作用机理以及实现途径。本部分研究内容主要从第2章三维人口红利形成的理论机制分析中体现。

第三部分是采用实证分析的方法分别探讨人口数量红利、人口结构红利和人口素质红利对经济增长的贡献及差异。在这一部分内容中，考虑到中国人口红利形成的特殊性，即受到我国计划生育政策的影响相对较大，而中国的计划生育政策自从改革开放以来经历了由严格控制人口数量的阶段向综合治理以及利益导向阶段的动态调整过程。因此，在实证分析过程中会纵向考察改革开放以来不同时期、不同年份、不同地区三种不同类型的人口红利对经济增长的贡献程度及差异。本部分研究主要包括第3～5章的内容。

第四部分包含本选题研究所得的结论、解决现存问题以及进一步实现更好发展的对策措施，并对本课题的未来研究进行展望。本书对前文理论研究和实证分析进行概括，并在此基础上得出本书的主要发现。同时，基于研究结论针对未来人口红利逐渐变小甚至消失的趋势如何进一步拓展中国经济增长过程中的人口红利并进一步消除区域经济发展差距提出切实可行的政策建议。另外,本书还对未来有关人口红利的研究内容进行展望。本部分研究主要包括第 6 章的内容。

此外,本书在研究过程中对包含人口数量红利、人口结构红利、人口素质红利和经济增长在内的四个概念进行了界定,具体阐述这些名词在本研究中的特定含义。下面分别对这些概念进行解释。

1.4.1.1　人口数量红利

现有文献中所提到的人口红利泛指人口转变过程中由高劳动年龄人口比重形成的人口结构优势,对于这种优势的有效利用能够带来经济增长。随着我国人口转变进程的推进,改革开放以来我国的人口结构逐渐呈现出这种优势。2000 年至今,我国出现了大量研究人口红利的文献。在中国知网学术期刊数据库中以"人口红利"作为关键词进行搜索后可以发现,以"人口红利"为研究主题的期刊论文就有 2841 篇,其中不包括学位论文、会议论文以及报纸等其他形式的文章。由于学术界对人口红利问题的探讨最初来源于人口转变过程中的劳动年龄结构优势,而这种优势是由总人口构成中的少儿人口数量、劳动年龄人口数量以及老年人口数量的变化引起的,因此本书称其为人口数量红利。使用人口数量红利的称呼可以把由人口结构优势形成的人口红利与其他来源的人口红利进行有效区分。

1.4.1.2　人口结构红利

本书中所提到的人口结构红利主要是指劳动力在城乡之间流动和第一、二、三产业之间转移带来的劳动力就业结构的优化以及要素配置效率的提升,这两个方面的改善均有利于经济发展,实现经济增长过程中的人口红利。已有文献关于人口结构红利的探讨来源于人们对于人口结构优势持续时间的讨论。人口年龄结构优势会随着人口转变进程的进一步发展逐渐弱化并最终消失,即人口数量红利具有不可持续性的特征。另一方面,当前我国社会中存在着城乡之间劳动力配置不平衡的现象。农村存在着数量较多的剩余劳动力，而城市一些基础岗位却缺少劳动力。同样，我国第一、二、三产业之间也存在着劳动力配置失衡的情况。生产要素的错配必然会导致就业结构的欠优化以及配置效率的低下，促进劳动力在城乡之间流动和第一、二、三产业之间转移会改善这种生产要素不匹配的现象，起到优化就业结构和提升配置效率的作用，经济增长过程中也会因此收获人口结构红利。

1.4.1.3　人口素质红利

本书所使用的人口素质红利主要指的是劳动力综合素质提升带来劳动生产率的提高以及技术进步与应用，从而为经济发展创造有利的环境，在经济增长过程中实现人口红利。人口素质红利是除了人口结构红利以外弥补人口年龄结构优势不可持续性缺憾的另一重要方式。劳动力素质主要是指劳动者所具有的人力资本，包含了受教育水平、生产岗位所需的劳动技能、技术熟练程度以及身体健康状况等多种形式。劳动力综合素质的提升一方面可以提高劳动者的劳动生产率，在要素投入保持不变的前提下可以获得更多的产出；另一方面，劳动力综合素质的提升可以促进对新技术的模仿并在此基础上实现创新。新技术的应用同样可以实现经济增长。因此，面对未来人口数量红利有可能枯竭的现状，从提升劳动者综合素质的视角来进一步挖掘人口红利不失为一种好的渠道，整个国家的经济也会因为劳动者素质提升而获得新的增长源泉。

1.4.1.4　经济增长

经济增长一般是指在特定的时期内一个国家或地区的产品产量和服务量的增加。经济水平的高低以及经济增长速度的快慢反映了该国或该地区生产能力的强弱。现有文献中有诸多方式可以用来代表经济增长，与人口红利研究相关的指标大致可以分为两种：一种是用国内生产总值的增长率代表经济增长，另一种是用储蓄率的增加程度来衡量经济增长水平。储蓄率的提高有利于增加投资并扩大生产规模，经济产出也随之增加。因此，储蓄率是反映一个国家或地区经济产出及经济水平的一个间接指标。相对而言，用国内生产总值增长率作为衡量经济增长的指标更为直接。本书采用上述第一种方式，在分析三种类型的人口红利对经济增长的影响时均把国内生产总值增长率作为衡量经济增长的指标，以便更加直接地测度经济增长过程中的人口红利效应。

1.4.2 研究数据

本研究理论分析和实证分析中所使用到的数据共有两个来源。

第一个是国家统计局已经公布的各类统计数据。具体包括历年的《中国统计年鉴》《中国人口和就业统计年鉴》《中国劳动统计年鉴》《中国教育统计年鉴》《中国国内生产总值核算历史资料》《新中国六十五年统计资料汇编》等统计资料中公布的宏观经济数据。

第二个是中国家庭营养健康调查（CHNS）数据。中国家庭营养健康调查项目是由中国疾病预防控制中心营养与健康所联合美国北卡罗莱纳州大学卡罗莱纳人口中心共同进行的一个项目，旨在检验由国家或当地政府组织实施的有关健康、营养及家庭发展政策和项目的效果，同时考察发生在中国的经济社会转型是如何影响人们的健康和营养状况的。该项调查的团队成员由具有营养学、公共健康学、经济学、社会学、人口学等各个学科领域的研究者组成。调研采取随机成群抽样的方式抽取样本，选择在地理环境、公共资源以及经济发展水平等多个方面存在较大差异的省份的不同家庭及受访者展开调研。问卷主要由住户调查、社区调查、成人调查、儿童调查、膳食调查等几个分问卷组成，数据涉及江苏、辽宁、山东、黑龙江、河南、湖北、湖南、广西、贵州等省份。

第 2 章　三维人口红利形成的理论机制分析

与以往人口红利文献中只关注人口转变过程所带来的劳动年龄结构优势不同，本书的研究建立在对人口红利内涵的拓展基础之上，分析经济增长过程中收获人口红利的基本条件，并由此提出了包含数量、结构和素质三个来源的三维红利分析框架。同时，本章探讨了三维人口红利对经济增长的影响机理，从劳动年龄结构、劳动力城乡和产业转移以及劳动力素质三个角度分别考察三种类型的人口红利如何在经济增长过程中有效发挥作用以及它们的实现途径。此外，本章还讨论了三种类型的人口红利之间的相互作用及其与经济增长之间的关系。

2.1　三维人口红利概述

2.1.1　人口红利概念的延申

人口转变过程中会出现一个十分有利于经济发展的"黄金区间"[①]，

[①]　杨云彦：《中国人口迁移与发展的长期战略》，武汉：武汉出版社，1994 年，第 64 页。

人口红利由此在很多时候被相关研究者称之为"人口窗口"[1]。这主要指的是人口转变过程中随着人口出生率的下降以及前期高出生率下积累的大量出生人口逐步进入劳动年龄人口群体之中，整个社会65岁及以上的老龄人口数量和15岁以下的少儿人口数量相对较少，导致15岁至64岁的劳动年龄人口数量相对较多，经济发展具有较为充沛的劳动力资源，并且每一劳动年龄人口承担的抚养负担相对较轻。这样的一种人口环境非常有利于经济发展，由此被称之为一个国家或地区经济发展的人口窗口。可见，人口窗口并不是时时刻刻都存在的，经济发展过程中也并非任何时候都可以通过人口窗口带来的人口红利实现经济增长。这种人口窗口只存在一个短暂的时期，人口红利对经济增长的作用也就只能局限于这一阶段。随着人口转变进程的进一步推进，人口出生率继续下降或者维持在较低的水平上，而前一阶段大量的15～64岁的劳动年龄人口则逐步迈入老龄人口之列，原来的劳动年龄优势逐步转变为老龄人口负担，从而变成了一种劣势。较低的人口出生率无助于增加劳动年龄人口数量，整个社会逐步进入人口老龄化的阶段。在这种人口环境下，由劳动年龄结构优势所创造的人口红利逐渐减弱并最终趋于消失。如果人口老龄化的阶段不被重视，并没有采取合适的政策措施予以应对，人口红利甚至会转变成人口负利，从而成为整个经济社会发展过程中的一道障碍。

为了避免出现人口负利以及可能对经济增长产生的不利影响并有效延长人口红利的持续时间，我们可以用更开阔的视野、从更广泛的意义上来理解人口红利，对人口红利的来源进一步挖掘和探索。针对上述经济发展过程中因为人口形势的变化而可能产生积极或消极影响的情况，可以从劳动力数量、劳动力城镇化和劳动力素质提升三个维度来理解人口红利的概念[2]，从而有效拓展原有人口红利的来源。如果仅仅依靠劳动年龄结构优

---

[1] 杨云彦：《九十年代以来我国人口迁移的若干新特点》，《南方人口》2004年第3期，第19页。

[2] 杨云彦、向华丽、黄瑞芹：《"单独二孩"政策的人口红利效应分析——以湖北省为例》，《中南财经政法大学学报》2014年第5期，第5页。

势带来人口数量红利，显然其是不具有可持续性的。只有出生率的提高才能在一定程度上增加劳动年龄人口数量，延缓人口数量红利减弱的速度。而包含人口数量红利、人口结构红利和人口素质红利的三维人口红利概念的提出拓宽了人口红利的内涵，由劳动力转移所形成的人口结构红利和由劳动者人力资本提升所形成的人口素质红利弥补了人口数量红利不可持续性的缺憾，从结构和素质两个角度充实了人口红利，成为人口红利不可或缺的两个组成部分，它们与人口数量红利共同构成了人口红利。在人口红利的这三个组成部分中，人口数量红利是基础，人口结构红利和人口素质红利则是未来人口红利的重要源泉。综上看来，人口红利并不是指单一的人口数量红利，而是由人口数量红利、人口结构红利和人口素质红利共同构成的一个综合体，三者缺一不可。

2.1.2 人口红利促进经济增长的基本条件

事实上，劳动力资源优势并不必然带来经济增长。人口红利只是一个有利于经济增长的潜在因素，其是否能够促进经济增长取决于是否满足了一定的基本条件。只有劳动力资源优势在被得到有效利用之后才会带来经济的增长。人口红利促进经济增长的基本实现条件大致来源于三个方面：一是经济发展所处的阶段；二是劳动力资源因素；三是国家相关的配套制度和政策措施。

首先，经济发展到特定阶段，进一步的经济增长过程需要通过人口红利这一潜在因素来实现。一个国家或地区经济发展的不同阶段对人口红利的要求并不相同，通过人口红利来实现经济增长的程度也存在很大的差异。

其次，前面提到的劳动力资源因素是经济增长过程中人口因素起正向作用的基本要件之二。由于劳动力资源是经济增长过程中人口红利实现与否的直接决定因素，因此本书称之为人口红利促进经济增长的直接条件。在经济增长过程中实现人口红利的直接条件包含劳动力资源的以下几个方面：首先最为关键的是具有数量较多的劳动力年龄人口，劳动力资源较为丰富。二是劳动力自身参与经济活动的意愿较为强烈，一个国家或地区特定时期内的劳动参与率保持在较高的水平之上。三是劳动力资源在各个产业之间的配置较为合理，由结构不匹配造成的失业率较低。四是经济增长过程中实现人口红利的大小与劳动力人力资本水平的高低密切相关。当前我国经济增长过程中部分劳动力呈现出低质性的特征。

最后，人口红利促进经济增长第三个不可或缺的基本条件来源于前面提到的国家相关的配套制度和政策措施。只有在相对较为完善的相关配套制度和政策措施的支撑之下，经济增长过程中的劳动力资源优势才会被充分利用，人口红利才能实现。因此，国家相关的配套制度和政策措施又被本书称之为人口红利促进经济增长的间接条件。国家相关的配套制度和政策措施主要指的是有利于劳动力资源优势在经济增长过程中被充分利用的一系列制度和政策。如对三次产业间劳动力配置并未达到最理想配置状态的情形允许劳动力在不同产业之间自由流动，而合理的劳动力配置制度为劳动力在三次产业间转移提供了良好的制度保障，为经济增长过程中人口红利的实现创造了条件。

由此可见，经济增长过程中人口红利的实现取决于上述三个基本条件，尤其是作为直接条件的劳动力资源因素和作为间接条件的国家相关配套制度和政策措施。倘若只具有较为充分的劳动力资源，但缺乏有效发挥劳动力资源优势的配套政策制度予以支持，经济增长过程中的人口红利就难以实现。纵观国际上经历过人口转变过程中劳动年龄结构优势阶段的国家，许多国家在潜在的人口红利出现之际，及时抓住有利于经济发展的这一良好时机，并配以国家良好的制度安排和政策措施，最终收获了人口红利，本国经济也由此得到快速增长。有关人口变化对东亚国家经济增长影响的研究就发现，人口变化对经济发展产生的是正面影响还是负面影响以及作用程度的大小取决于市场以及政府制度的有效性。这些政策和制度安排越弱，则人口变化对经济增长产生的负面影响就越弱；而良好的国家制度安排和政策措施以及在这些制度下运行良好的市场则会使人口变化对本国经济增长产生积极的作用，并且这些正面影响会随着人口年龄结构优势的加深而得到进一步的强化和扩大[①]。当然也不乏由于缺乏良好的政府政策和制度支持导致在经济发展过程中错失良机从而未能发挥人口红利作用的例子。拉丁美洲某些国家的经历就是一个典型的案例。Pritchett（1999）对拉丁美洲生育率下降较快的巴西、智利和乌拉圭三个国家储蓄率的变化研究发现，三个国家的储蓄率并没有因为出生率的下降而大幅上升。其主要原因在于人口变化过程中产生的潜在人口红利既可能会被这些国家有效利用，也可能被这些国家随意挥霍掉，这就取决于这些国家是否对潜在的人口红利引起足够的重视并予以相关的配套制度和政策措施来利用这些人口红利。反过来，倘若国家出台了一系列有利于劳动力资源在经济增长过程中发挥有效作用的配套制度和相关的政策措施，但整个国家或地区缺乏足够的劳动力资源，那么再好的制度和政策都是无济于事的。

人口红利促进经济增长的直接条件和间接条件对于人口红利的获取都是不可或缺的，两者相辅相成，共同作用于经济增长过程。图 2-1 阐述了人口红利促进经济增长的直接条件和间接条件与经济增长之间的关系。对于作为直接条件的劳动力资源优势，包含了劳动力数量、劳动力结构和劳动力质量三个维度，在一个国家或地区的不同发展阶段既可能出现充分供给的情况，也可能呈现由于劳动力缺乏导致的供给不充分的情形。图 2-1 中路径（1）表示劳动力资源供给充分；路径（3）表示劳动力资源供给不充分。对于作为间接条件的国家相关配套制度和政策措施而言，在一个国家或地区的不同发展阶段可能会因为政府对于人口红利的重视而出台一系列有利于人口红利在经济增长过程中发挥作用的政策措施和制度安排，也可能因为相关政府部门的忽略而导致整个国家经济发展过程中缺乏人口红利有效发挥的政策制度安排。图 2-1 中路径（2）表示经济增长过程中人口红利得以有效发挥的国家相关配套制度和政策

[①]　Dennis A.Ahlburg, Does Population Matter? A Review Essay, Population and Development Review, Vol.28, No.2, 2002, pp.329-360.

措施的完善；路径（4）表示一个国家或地区缺乏使潜在人口红利在经济增长过程中得以释放的国家相关配套制度和政策措施的支持。在经济发展的过程中，如果路径（1）和（2）得以共同实现，即包含劳动力数量、结构和质量三个维度的劳动力资源供给充分，并且国家相关配套制度和政策措施完善，则人口红利得以实现并在经济增长过程中起到重要作用；如果路径（1）和（4）得以共同出现，即包含劳动力数量、结构和质量三个维度的劳动力资源供给充分，但是国家相关配套制度和政策措施不完善，则经济增长过程中人口红利并不能得到充分发挥，人口红利不能实现或者只有部分实现。类似地，如果路径（2）和（3）得以共同出现，即包含劳动力数量、结构和质量三个维度的劳动力资源供给并不充分，但是国家相关配套制度和政策措施相对较为完善，则经济增长过程中人口红利仍然不能得到充分发挥，人口红利不能实现或者只有部分实现；而如果路径（3）和（4）共同出现，即包含劳动力数量、结构和质量三个维度的劳动力资源供给不充分，同时国家相关配套制度和政策措施也不完善，则人口红利则不太可能出现在经济增长的整个过程中。从上述分析可以知道，路径（1）和（2）同时出现是实现人口红利的最佳状态，直接条件和间接条件都得到了满足；路径（1）和（4）同时出现或者是路径（2）和（3）同时出现表示两个条件中只有一个得以实现，这不利于人口红利在经济增长过程中作用的发挥，可以收获的人口红利微乎其微。只有对其中某个不满足的条件进行改善，如对不完善的国家相关配套制度和政策措施进行调整，人口红利才可以进一步在经济增长过程中发挥作用；而如果路径（3）和（4）同时出现，则意味着人口红利的直接条件和间接条件都得不到满足，经济增长过程中无人口红利可言，需要待两个条件同时得到满足之后，人口红利才能在经济增长过程中有效发挥作用。

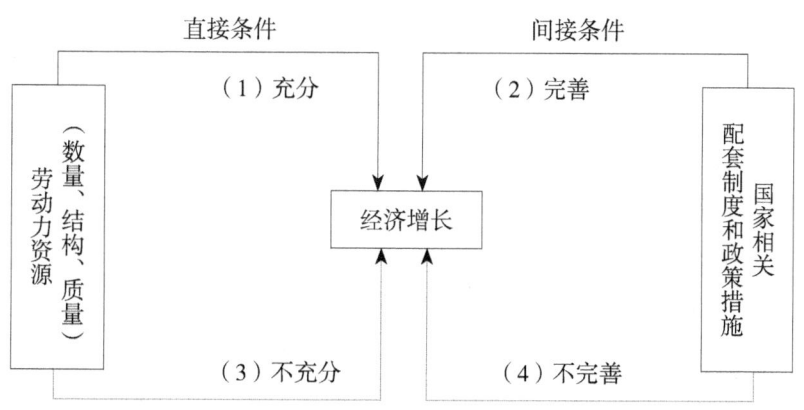

图 2-1　经济增长过程中实现人口红利的基本要件

2.1.3　三维人口红利基本分析框架

在前面文献回顾、人口红利内涵拓展和人口红利促进经济增长基本条件明了的基础上，本部分将拓展后的人口红利概念纳入人口红利与经济增长的基本分析框架之中，并由此绘制了三维人口红利的理论分析框架图，具体内容见图 2-2。

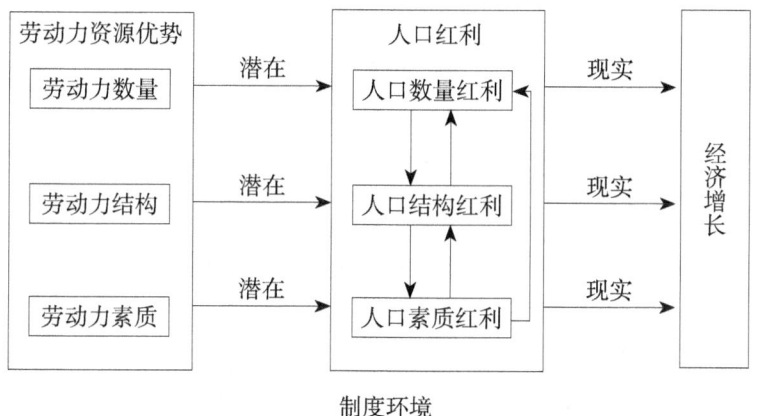

图 2-2　三维人口红利基本分析框架

与学者们早期构建的人口红利分析范式相比，本研究构建的三维人口红利基本分析框架具有以下几个特点。

（1）区别于传统的人口红利理论把劳动年龄结构优势当作人口红利的唯一来源，本研究构建的人口红利分析框架包含了劳动力数量、劳动力城乡和产业结构、劳动力素质三个维度，丰富了现有的相关理论和研究。

本研究从挖掘人口红利新来源的视角出发，基于对三维人口红利的阐述和分析，认为人口红利的来源应该包括劳动力数量、劳动力城乡和产业结构以及劳动力素质三个方面，这三个维度相辅相成，缺一不可。在已有的人口红利相关文献中，人口红利的来源往往只有一个，即人口转变过程中所形成的劳动年龄结构优势。但是随着人口转变进程的进一步推进，这种带来人口红利的劳动年龄结构优势会逐渐丧失，使得未来能够获取到的人口红利也会逐渐减少。虽然一部分学者也意识到了这个问题，认为应该从提升劳动力质量等其他方面来探寻新的人口红利来源，但是他们对于新的人口红利来源的探讨都只是考虑到某一个方面的内容或者是某一个特定的来源，呈现出的更多的是碎片化的来源，而缺少一个系统的分析或者说是没能给出一个整体性的框架。本研究则把人口红利的来源从一维拓展至三维，从多个方面探寻人口红利产生的源泉，用一个更加立体的视角来审视人口红利，人口红利的来源由此变得更加多样。这极大地丰富了现有的人口红利理论。

（2）人口数量红利作为人口结构红利和人口素质红利的基础，继承了经典人口红利理论中对于人口红利内涵的界定。

传统人口红利理论认为人口红利来源于劳动年龄结构优势，只有在人口抚养负担较轻的情况下才有可能产生潜在的人口红利。当这种劳动年龄结构优势一旦开始呈现下滑趋势直至消失，人口红利也会随之逐渐减少至零。若不采取合适的政策措施对其加以调整，则当严重到一定程度时甚至可能出现人口负利的情形。在本研究的三维红利分析框架中，我们把这种来源于劳动年龄结构优势的红利形式称为人口数量红利。人口数量红利作为其他两个维度人口红利的基础，继承了传统人口红利理论对于人口红利来源的认定。从这个意义上来说，本研究三维红利框架中对于人口数量红利的界定与传统人口红利理论在一定程度上保持了一致性。在传统人口红利理论的基础上，鉴于人口数量红利的不可持续性，本研究在人口结构红利和人口素质红利两个方面进行了拓展和延伸，以期延续人口红利的持续期间。

（3）人口结构红利是三维红利框架对于人口红利拓展的两个维度之一，从劳动力城乡和产业结构方面探讨人口红利的来源。

针对由劳动年龄结构优势所形成的人口数量红利具有不可持续性的现状，作为分析框架中三维人口红利之一的人口结构红利试图从劳动力城乡和产业结构优化方面来拓展人口红利，以弥补人口数量红利在经济增长过程中的不足。我国现有的劳动力资源在三次产业间分布并不均衡，有的产业由于存在着劳动力过剩的现象，导致产业内部的劳动生产率偏低；有的产业存在着劳动力供给不足的情形，导致部分岗位出现劳动力空缺的现象；有的产业则同时具有上述两个产业的特征，即产业内部既存在着部分岗位劳动力过剩的现象，同时另一部分岗位又出现了劳动力不足的现象。这也说明了有一部分劳动力存在着结构性失业。由此可见，促进劳动力在不同产业之间的流动有利于改善这种劳动力资源产业分布不均的情况并减少结构性失业。这在一定程度上也可以获取到经济增长过程中的人口红利，这种红利本书称之为人口结构红利。

（4）人口素质红利是三维红利框架对于人口红利拓展和延伸的另一个维度，从劳动力人力资本提升方面探讨人口红利的来源。

与人口结构红利不同，人口素质红利是从另外一个角度来拓展人口红利的来源，弥补人口数量红利不可持续性的缺憾。劳动者所具有的人力资本包含了健康素质、教育、各类培训、工作经验等多个方面的内容。由于人力资本附着于劳动者个体身上，使得具有上述各种形式人力资本的劳动者具有主观能动性。以各类技能培训为例，劳动者在接受这类技能培训之前，不具备这种生产过程中所需要的技能，因此不能从事相应岗位的工作。对于需要这种技能进行生产的这类岗位而言，没有接受过技能培训的劳动力对其而言均不属于能够用于生产的劳动力资源。但是，只要对这些劳动力资源开展对应岗位的技能培训，使其通过一定阶段的学习和训练掌握了这项专门技能，劳动者的人力资本就得到了相应提升，同时经过技能培训的劳动者也被纳入对应岗位的劳动力资源范畴之中，空缺岗位也因此被已经经过培训掌握技能的劳动者填补。劳动者人力资本的提升减少了生产岗位的空缺，生产规模得以扩大，经济也由此实现了一定程度的增长。

（5）三维红利框架中人口数量红利、人口结构红利和人口素质红利相互作用、相互影响，在良好的配套制度和政策支持下把潜在的人口红利转变为真正的人口红利，有效地促进了一个国家或地区的经济增长。

本研究的三维红利分析框架中，人口数量红利、人口结构红利和人口素质红利这三个维度是相互影响、相互作用的。人口数量红利作为人口结构红利和人口素质红利的基础，为两者有效发挥的根本和前提。人口结构红利和人口素质红利则在人口数量红利的基础之上，从劳动力资源的两个不同层面拓展了人口红利的来源，在一定程度上弥补了人口数量红利具有阶段性和短期性的不足。同时，这两种类型的人口红利之间也存在着相互作用。劳动力的有效转移有利于人力资本的积累，而人力资本的增长有助于提升人口素质红利。反之，劳动者人力资本的提升和人口素质红利的发挥则会改善和优化劳动力的产业配置结构和就业结构，从而为人口结构红利在经济增长过程中的实现起到促进作用。此外，要把劳动力资源的这三个维度的潜在优势转化为经济增长过程中的三类人口红利，必要的配套制度安排和政策措施是不可或缺的。

2.2　三维人口红利影响经济增长的机理分析

2.2.1　劳动年龄结构影响经济增长的机制和途径

2.2.1.1　劳动年龄结构影响经济增长的机制

（1）人口转变因素。劳动年龄结构的变化来源于一个国家或地区的人口形势的发展变化。根据各个国家所处的阶段不同，每个国家在某一特定的阶段都会经历从"高出生率、高死亡率"到"低出生率、低死亡率"

的人口变迁过程。对于这一人口变迁过程，可以细分为三个阶段。第一个阶段是人口转变初期高出生率导致的 0 ～ 14 岁少儿人口数量大量增长，导致劳动年龄结构中的少儿抚养比占比偏高，整个社会的抚养负担相对较重。显然，此时的劳动年龄结构并不利于经济增长，相关的实证研究也证明了这一点[①]。第二个阶段主要是指在前一个阶段高出生率下出生的少儿人口逐渐成年，进入劳动年龄人口范围之中，同时这一阶段的人口出生率逐渐开始下降，不再出现如第一个阶段那样的高出生率。在这一阶段中，劳动年龄结构由于少儿抚养负担的减轻显现出劳动年龄人口比重大幅上升，这样的人口结构十分有利于经济增长。学者们对东亚经济增长的影响因素分解发现，这一阶段劳动年龄结构优势所带来的经济增长贡献率大概在四分之一到三分之一之间[②][③]。第三个阶段则指第二个阶段中较为丰富的劳动年龄人口随着年龄的增长逐渐退出劳动力市场，同时出生率维持在一个较低的水平上，劳动年龄人口比重呈现下降的趋势。在这一阶段中，整个社会的人口结构趋于老龄化，劳动年龄结构由优势逐渐转变为劣势，从而不利于经济的增长。在人口转变的上述三个阶段中，并不是每个阶段的劳动年龄结构都是有利于经济增长的，只有当人口转变处于第二个阶段时，较高的劳动年龄人口比重所形成的劳动年龄结构优势才有可能促进经济增长。

（2）生育政策因素。上面提到的人口转变因素是包括中国在内的每个国家人口转变过程中都会遇到的情况，而生育政策因素在这里是专门针对我国的特殊情况的。由于历史等原因，新中国成立以来我国的出生率总体上一直维持在一个较高的水平，属于人口转变的第一个阶段。20 世纪

[①]　Coale，Ansley J.，Edgar M.Hoover，Population Growth and Economic Development in Low-income Countries：A Case Study of India's Prospects，Princeton：Princeton University Press，1958.

[②]　Bloom，David E.，David Canning，The Health and Wealth of Nations，Science，Vol.287，1999，1207-1209.

[③]　Mason，Andrew，Population and Economic Growth in East Asia，Population Change and Economic Development in East Asia：Challenges Met，Opportunities Seized. Stanford，CA：Stanford University Press，2001.

70 年代初期，我国的出生率开始逐渐下降，中国的人口转变开始进入第二个阶段。到 70 年代末期，我国为了控制当时相对庞大的人口数量实施了计划生育政策。计划生育政策的实施加速了人口转变的进程，使得我国提前进入具有劳动年龄结构优势的第二个阶段当中。生育政策导致我国的人口转变进程与其他国家存在较大的差别，因此，生育政策的实施会通过改变一个国家的劳动年龄结构来影响该国的经济增长。此后，我国对生育政策又做了一系列调整，从 1986 年针对农村独女户的"一孩半"政策、2011 年的"双独"政策、2013 年的"单独二孩"政策到 2015 年对全面"二孩"政策的放开。这一系列生育政策的调整都是在坚持计划生育基本国策的基础上根据中国人口形势的变化所做的动态调整，势必会影响我国劳动年龄结构的变化及由此产生的经济影响。随着国家对于生育孩子数量限制的逐步放开，出生率会有所上升，从而会在一定程度上改善劳动年龄结构，延缓中国进入老龄化社会的步伐。由于劳动年龄结构的变化，经济增长也会受到一定程度的影响。

（3）制度因素。制度因素也是劳动年龄结构影响经济增长必须考虑的一个重要因素。如前所述，制度因素是经济增长过程中实现人口红利的间接条件。倘若没有良好的制度安排予以支撑，劳动年龄结构再具有优势也没办法得以有效发挥。人口转变过程中的年龄结构优势必须配以良好的相关制度，才有可能实现促进经济增长的人口红利。因此，劳动年龄结构对经济增长的影响机制中必须充分考虑制度因素。根据人口形势的变化营造合适的配套制度，以期在劳动年龄结构优势呈现的阶段两者紧密配合，共同作用于经济增长过程。

2.2.1.2 劳动年龄结构影响经济增长的途径

（1）劳动参与率。劳动年龄结构影响经济增长的途径之一是劳动参与率的变化。根据新古典经济增长理论，在生产过程中增加生产要素的投入量有利于一个国家或地区实现经济增长。人口转变过程中劳动年龄结构优势的呈现，整个社会中劳动年龄人口比重大幅上升，有利于为社会生产过程提供数量充足的劳动力。潜在劳动力数量的增加使劳动参与率的提高成为可能，而增加的劳动投入可以与更多的资本相结合，从而生产出更多产品，增加经济产出。劳动年龄结构优势下劳动参与率的提高分为以下两种情况：第一种情况是总的劳动参与率的提升。第二种情况是女性劳动参与率的提升。在第一种情况下，总的劳动参与率提升主要来源于劳动年龄人口数量的增长，更多的劳动力投入整个社会的生产过程中，社会产出随之增加。在第二种情况下，女性劳动参与率的提升则来源于人口转变过程中出生率的降低。如前所述，随着人口转变进程由第一个阶段逐步过渡到第二个阶段，人口出生率呈现出由高出生向低出生的趋势转变。出生率的降低在一定程度上减轻了女性在家庭发展中承担的责任，把部分女性从繁重的家庭事务中释放出来并积极投身到劳动力市场上参与各类经济活动。由此，女性在生产过程中的劳动参与率得到提升，整个社会的总劳动生产率也因为女性劳动参与率的提高而相应地得到提升。

（2）储蓄率。储蓄率的变化是劳动年龄结构影响经济增长的另一种途径。人口转变第一个阶段高出生率下积累的人口数量为第二个阶段的经济增长提供了丰富的潜在劳动力资源，由此形成的劳动年龄结构优势下老年抚养比尚未开始大幅上升，处于较低的水平上。整个社会的抚养负担在人口转变的第二个阶段相对较轻，原先用于承担抚养负担的部分资源会被用来储蓄，储蓄率可能由此得到提高。一个社会储蓄率的提升意味着投资水平也会在一定程度上得以提高，增加的投资量与丰富的劳动力资源共同作用，实现经济的高速增长。劳动年龄结构的变化通过储蓄率来影响经济增长的途径得到了诸多学者的认同，如 Bloom（2002）、汪小勤和汪红梅（2007）等。另外，部分学者认为，即使劳动年龄结构变化从人口转变的第二阶段进入到第三阶段，储蓄率仍然是劳动年龄结构影响经济增长的重要途径。随着越来越多的劳动力资源逐渐步入老年人口之列，整个社会的老龄化程度加剧。这些劳动力会因为预期到未来劳动收入的减少而主动减少消费量，把收入的很大一部分用于储蓄。这样一来，整个社会的储蓄率也会因为整个社会人口结构的老龄化而得到增加。在部分学者看来，由人口老龄化形成的储蓄率的增加同样可以带来整个社会经济的增长。

2.2.2 劳动力转移影响经济增长的机制和途径

2.2.2.1 劳动力转移影响经济增长的机制

（1）收入差距因素。劳动力在不同地区和产业之间发生转移最重要的原因在于不同地区以及三次产业之间的岗位会给他们带来收入上的差距，而且这种收入之间的差异还不小。以三次产业为例，由于我国第一产业当前存在着劳动力剩余，所采用的生产技术还存在着很大的提升空间，产出的增加只能简单地依靠资本和劳动投入要素的增加，导致第一产业的劳动生产率相对偏低，在这一产业内从事相关工作的劳动者所获得的收入就相对较为低下。对于第二、三产业而言，由于其行业内的劳动生产率水平和劳动生产率增长速度均要高于第一产业，导致在相同的投入情况下可以获得更多的产出。由此，第二、三产业劳动力所获得的劳动报酬也会相对较高。由于产业间工资差距的存在，劳动者对不同产业间的收入差距和迁移成本进行比较，当他们预期迁移带来他们收入的增加会远高于迁移所造成的成本时，劳动力在不同产业间转移的情形就会发生，一个国家或地区的经济增长也会因此受到影响。

（2）劳动力流动政策因素。劳动力流动政策是决定劳动力能否在不同地区和产业之间发生转移的关键因素之一。我国自新中国成立后就出台了多项关于是否允许劳动力在不同地区和产业之间流动的政策。改革开放后国家对相关政策做了进一步调整，由对劳动力流动的严格控制逐步放开，允许劳动力在不同区域和产业之间流动。因此，我国劳动力流动政策基本上经历了一个"严格控制—允许流动—控制盲流—规范流动—公平流动"的过程[1][2]。在我国劳动力流动政策的动态调整之下，劳动力的产业和地区转移也随之发生变化。在劳动力流动政策调整的前两个阶段，由劳动力

---

[1] 宋洪远、黄华波、刘光明：《关于农村劳动力流动的政策问题分析》，《管理世界》2002年第5期，第55页。

[2] 李厚刚：《建国以来国家对于农村劳动力流动政策变迁》，《理论月刊》2012年第12期，第168页。

转移所带来的经济增长是微乎其微的。在劳动力流动受到严格控制的阶段，由于受到政策的限制，劳动力在不同区域和三次产业间发生转移的实际数量很少。而在允许流动的阶段，由于劳动力政策的放开，一时间内释放了诸多被压抑的劳动力流动需求，大量第一产业的农村剩余劳动力盲目地涌入第二、三产业之中。虽然这一时间第一产业由于剩余劳动力的转移劳动生产率得以提升，但是第二、三产业却并未能很好地吸纳这些转移的剩余劳动力，导致这两个产业的劳动生产率并没有得到大幅增长。因此，这两个阶段劳动力转移对经济增长的正面影响是微不足道的。针对这种现象，国家对劳动力流动政策做了进一步的调整，这也就是劳动力流动政策的后面三个阶段。在有针对性的国家劳动力流动政策作用下，劳动力的区域和产业流动逐步变得有序和规范，三次产业的劳动力生产率也因为劳动力的流动而得到提升。劳动力在不同区域和产业之间的转移在一定程度上促进了经济增长。

（3）公共政策因素。劳动力要在不同产业和地区之间转移并以此促进经济增长，公共政策因素是一个重要方面。除了国家出台的各项劳动力流动政策之外，与劳动力转移相关的户籍制度、各类基本公共服务都会影响劳动力在不同区域和产业之间转移的程度，由此实现的经济增长也会存在差异。与劳动力流动政策相对应，新中国成立以来实施的城乡二元户籍制度形成了城市和农村人口在就业身份上的差异。农村剩余劳动力在城市就业的过程中享受不到城市就业人口在医疗、养老、子女教育、住房等诸多方面的基本公共服务，从而在一定程度上限制了劳动力在不同地区和产业之间的转移，经济发展也难以由此获益。针对这一问题，当前国家有关部门在逐步推进我国的户籍制度改革，以期引导农村剩余劳动力规范有序地向城市转移，消除城乡差异，实现不同地区经济的共同发展。

2.2.2.2　劳动力转移影响经济增长的途径

（1）劳动力配置效率。劳动力配置效率是劳动力通过在不同地区和产业之间转移实现经济增长的途径之一。汪小勤、汪红梅（2007）持有类似观点，认为劳动力配置效率是除劳动参与率和储蓄率之外影响经济增长的另一渠道。劳动力配置效率指的是在其他条件不变的情况下，劳动力作为生产过程的一种投入要素在不同产业和不同地区之间重新配置所带来的产业或地区内部劳动生产率的提升以及整个社会劳动生产率的提升。劳动力配置效率可以按照不同的方式进行细分。如按劳动生产率水平的高低以及劳动生产率增长速度的快慢可以分为静态转移效应和动态转移效应。同时，如果着眼于三次产业内部，各个产业因为劳动力的转移所带来劳动生产率的增长可被称之为三次产业的劳动要素重置效应。劳动力在不同地区和产业之间的转移改变了各个地区和产业劳动力要素和资本要素等各类投入要素不相匹配的情况，使这些投入要素朝着最优配置状态转变。各个地区以及三次产业之间劳动要素配置结构的改善提升了它们的劳动力配置效率，实现了劳动力转移所带来的静态效应和动态效应，抑或是三次产业的劳动要素重置效应，一个国家或地区一定时期内的经济产出也会随着这些效应的实现得到增加。因此，劳动力转移通过劳动力配置效率的提升实现了地区或国家的经济增长。

（2）城镇化进程。劳动力转移也可以通过影响城镇化进程来改变经济增长速度。劳动力转移是中国城镇化进程中的一个重要方面，劳动力转移的好坏及快慢决定着人口城镇化的质量和速度。人口城镇化指的是随着农村劳动力持续不断地向城镇转移以及第一产业的剩余劳动力持续不断地向第二产业和第三产业转移，农村人口逐渐在城镇集中，抑或是农村地区逐渐转变成小城镇。一方面，通过人口城镇化进程劳动力实现了在不同地区和产业之间的有效转移。如前所述，各个地区和三次产业的劳动生产率由于配置结构的优化得到了提升，有利于生产过程中产出的增加和实现一定时期内的经济增长。另一方面，剩余劳动力不仅通过产业和地区转移顺利地从农村和农业劳作中释放出来，而且还成功地实现了身份的转变，由农村人口转变为城镇非农人口，在城镇中享有包括医疗、教育、住房、养老、就业等多个方面的城市基本公共服务。转移劳动力通过身份转换实现了既能在城镇工作，又能在城镇生活的目标，解决了他们在城镇工作的后顾之

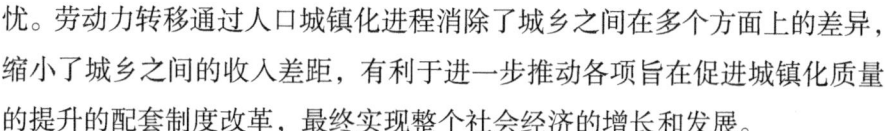

忧。劳动力转移通过人口城镇化进程消除了城乡之间在多个方面上的差异，缩小了城乡之间的收入差距，有利于进一步推动各项旨在促进城镇化质量的提升的配套制度改革，最终实现整个社会经济的增长和发展。

2.2.3　劳动力人力资本影响经济增长的机制和途径

2.2.3.1　劳动力人力资本影响经济增长的机制

劳动力素质影响经济增长主要通过人力资本这一要素来实现。人口红利的提出者之一 Bloom（2002）持有同样的观点，他认为人力资本因素是除劳动力供给和储蓄率之外影响经济增长的又一要素。当然，劳动者素质包含了劳动者的身体健康状况、劳动者所接受的教育水平、各类培训以及所从事岗位的工作经验等多个方面的内容。此外，劳动者在不同地区和产业之间的流动经历也被许多学者当作是劳动者所具有人力资本的一种。下面分别阐述这些要素影响经济增长的作用机制。

首先是健康因素。众所周知，是否拥有健康的身体状况是决定一个劳动者能否正常参与劳动力市场工作的首要因素。良好的身体素质是劳动力参与各类经济活动的必要前提。但是由于健康因素在经济增长过程中作用的基础性以及度量的不易性，在当前已有的文献中往往会被忽略不计。近年来，随着健康因素在经济增长的过程中起到越来越重要的作用，部分学者开始尝试在经济增长的相关研究中纳入劳动力的健康素质，对健康因素在经济增长过程中的作用开始考量。不管健康因素是否被纳入经济增长的相关文献之中，其作为劳动力素质的一部分会影响经济增长过程是不可否认的。

其次是教育因素。劳动力的受教育水平在各类经济活动中的重要性是不言而喻的。尤其是随着人口转变进程的进一步推进，我国人口年龄结构的优势所带来的人口数量红利具有不可持续性。在这样的背景下，依靠劳动力人力资本的提升来获取人口素质红利并由此实现经济增长成为一种重要方式。教育是劳动力人力资本最为重要的组成部分，劳动力素质对经济增长的影响很大一部分是依靠教育实现的，一部分学者的实证研究也证实了这种观点。Cuaresma（2014）等人的研究发现若是对人力资本动态变化产生的影响进行控制，没有证据显示劳动年龄结构会对劳动生产率产生影响。这在一定程度上说明了劳动者受教育水平的提高是解释劳动生产率提升和劳动者收入增长的关键所在，人口红利的很大一部分实际上是教育红利。由此可见，劳动者的受教育水平是影响经济增长的又一要因。此外，与教育类似的各类正式及非正式培训、劳动者在各个工作岗位上积累的工作经验等都是影响经济增长的重要因素。

最后是劳动者的流动和迁移经历。劳动者的流动和迁移经历作为劳动力人力资本的一种，也会影响到一个国家或地区的经济增长过程。学者们普遍认为，劳动者的流动和迁移经历会拓展劳动者的视野，提升他们的劳动技能。这两者都有利于劳动者在参与后一阶段的经济活动中发挥更加重要的作用。因此，劳动者流动和迁移经历的积累提升了劳动者的人力资本，其会在生产过程中与其他形式的人力资本相互作用，共同促进一个国家或地区的经济增长。

2.2.3.2　劳动力人力资本影响经济增长的途径

（1）劳动者收入。劳动者收入变化是劳动力素质影响经济增长的途径之一。由于以人力资本为表征的劳动者素质不断提升，劳动者直接投入到生产过程中的劳动生产效率会得到提高。同时，劳动者与同一部门的其他劳动者沟通交流会带动其他劳动者通过在工作中"干中学"的方式提升劳动生产效率。由此可知，整个部门的劳动生产率都会得到提升。劳动者劳动生产率提升的这种方式通常被称之为卢卡斯途径。在此基础上，劳动者劳动素质的提升和劳动生产率的提高势必会带来较高的劳动收入，厂商的用工成本会因此而上升。生产过程中的资本和劳动价格比随着劳动力用工成本的上升而发生变化。通过采用更先进的技术改变资本劳动投入比重来降低生产成本成为生产厂商的不二选择。更加先进的生产技术的采用和更高素质的劳动力投入意味着更高的生产效率和更多的经济产出，经济增长在这一生产过程中得以实现。综上看来，以人力资本为表征的劳动力素质会影响劳动者的收入，从而改变劳动生产率，最终影响整个经济增长过程。

（2）技术进步。技术进步也是劳动力素质影响经济增长的重要途径之一。罗默的内生经济增长模型中强调知识和技术在经济增长过程中的重要性，并把技术作为和人力资本、物质资本及劳动力三者并列的投入要素。以人力资本为表征的劳动者素质可以投入到生产过程中，通过对于新技术的使用和模仿，会在一定程度上带来技术创新。新技术被创造之后快速得到传播并广泛应用于各个生产部门，整个社会的劳动生产率得到提升，经济增长得以实现。劳动者素质通过促进技术进步来实现经济增长的方式通常被称之为尼尔森 – 菲尔普斯途径。后来的研究者进一步通过实证分析验证了劳动力素质通过技术进步影响经济增长的这一途径。如 Benhabib 和 Spiegel（1994）的研究就证实了劳动者的素质会通过技术创新以及对新技术的应用带来经济增长。王健和李佳（2013）同样用实证检验了人力资本可以通过技术进步来推进产业升级实现经济增长。与罗默的做法类似，杨文举（2015）单独把通过人力资本实现的技术进步作为经济增长的重要来源之一，引入中国经济增长的相关数据进行分析和验证。由上述分析可知，劳动力素质提升会带来技术创新和技术进步，新技术大范围的迅速扩散和应用有利于提升生产率，从而实现整个国家或地区的经济增长。因此，技术进步是劳动力素质提升实现经济增长的一个十分重要的途径。

2.2.4　三维人口红利的相互作用与经济增长

前文主要阐述了三维人口红利每一方面的影响经济增长的机制和途径，其考虑的是单一效应。不容忽视的是，三维人口红利三个维度是密不可分的，三者之间互为影响，对一个国家或地区的经济增长产生综合作用。其中，人口数量红利是基础，但存续时间受到了一定的限制。人口结构红利可以通过优化城乡和产业之间的劳动力配置状态改善劳动要素的配置效率，从而把更多的潜在劳动力资源转变为现实的劳动力资源，延长人口红利的收获时间。人口素质红利中劳动者人力资本的提升则会促使劳动生产效率的提高、创新规模扩大以及技术进步的推进和扩散，同时使得原本不能胜任工作岗位的劳动力资源转换为现实的劳动力资源用于社会生产过程。因此，人口结构红利和人口素质红利在某种意义上可以理解为隐性地增加了经济活动中的劳动力数量。此外，人口数量红利的增加进一步为人口结构红利和人口素质红利的获取打下了坚实的基础。

第 3 章　人口数量红利与经济增长差异

基于三维红利分析框架，本章主要探讨人口数量红利与经济增长差异的相关问题。改革开放以来的中国经济增长是在人口转变的背景下实现的。要研究人口数量红利与经济增长之间的关系，首先需要了解这一时期人口年龄结构的变化过程和经济增长过程所体现的具体特征。在此基础上，通过对经济增长率进行因素分解，测算人口转变过程中劳动年龄结构变化对经济增长的贡献程度及差异。此外，本章还对劳动年龄结构与经济增长率之间的关系展开了进一步讨论。

3.1　人口转变下的经济增长

中国多年来的经济增长是在人口转变的背景下发生的。人口转变所带来的劳动年龄人口比重和抚养比的变化是影响中国经济增长的重要人口因素。由于人口控制政策的实施以及一些其他因素的综合作用，20 世纪 80 年代以来中国人口出生率逐渐下降。同时，前一时期高出生率下累积的人口逐步步入劳动年龄。由此这一阶段劳动年龄人口数量大幅增加，比重有较大提升，形成了相对于以往其他时期更为丰富的劳动力资源，为中国经济获取长期增长和发展打下了良好的基础。

3.1.1　人口年龄结构变迁与现状

人口转变历程伴随着中国多年来的经济增长过程，人口年龄结构优势是促进中国经济增长的重要因素之一。人口转变是每个国家人口发展过程中都会经历的一个过程，同其他已经经历过人口转变历程的国家类似，20世纪80年代以来我国的人口再生产类型由原来的"高出生、低死亡、高增长"类型向"低出生、低死亡、低增长"逐步转变。中国的人口转变过程较之于其他国家速度相对较快，持续时间相对较短，原因之一在于我国在改革开放之后针对人口总量大、出生率高的具体国情实施了相应的人口控制政策。伴随着人口控制政策的实施及人口转变进程的发展，我国的出生率在20世纪70年代末至80年代初期出现了"下降—上升—再下降—再上升"的小幅波动阶段，直至1987年达到这一阶段的出生率高峰，峰值为23.33‰[1]。自1987年以来，出生率整体上呈现出逐步下降的趋势，由1987年的23.33‰下降到2017年的12.43‰，下降幅度为46.98%。除了人口控制政策刚开始实施之初出生率出现的小幅波动阶段，1987—2017年我国人口出生率的变化具体可以细分为三个阶段（见图3-1）。

第一阶段是1987—1992年，出生率的年均下降幅度为4.36%，我国的人口出生率在这一阶段呈现快速下降的趋势。第二阶段是1993—2004年，每年出生率的平均下降幅度为2.91%，该值比前一时期下降了1.45个百分点。这一时期的人口出生率下降幅度略有减缓。第三阶段是2005—2017年，这一阶段的出生率虽然经历了先下降又上扬的过程，但是其变动幅度十分微小，平均每年的下降幅度值只有0.03%左右，人口出生率的下降幅度变得更加平缓。

与人口出生率整个研究期间内的变化趋势相比，我国的人口死亡率虽然在1978—2017年既有上升，又有下降，但其波动幅度不大。波动差值最大的存在于1982—1983年和2005—2006年，死亡率分别由1982年的6.60‰

---

[1]　书中分析所涉数据及图表中历年中国人口出生率、死亡率和自然增长率的数据主要来源于2018年的《中国人口和就业统计年鉴》。

上升至 1983 年的 6.90‰，由 2005 年的 6.51‰上升至 2006 年的 6.81‰，变动的绝对值均只有 0.30‰。因此，人口死亡率在 1978—2017 年的变动趋势十分接近一条水平线。正是因为死亡率变动趋势的平稳性，中国 1978—2017 年的人口自然增长率的变动趋势和同一时期人口出生率的变动趋势基本保持一致。

自进入 21 世纪以来，我国已经逐步进入较为稳定的"低出生、低死亡、低增长"的阶段。同时，2003 年我国的人口出生率为 12.41‰，死亡率为 6.4‰，人口自然增长率为 6.01‰，人口死亡率首次超过了人口自然增长率，人口死亡率与人口自然增长率之间的这一差距自 2003 年以来逐步扩大。人口出生率、死亡率和人口自然增长率的这些变化势必会直接影响到我国的不同年龄人口的构成及抚养比的变化，因此有必要对同一时期中国的总抚养比、少儿抚养比和老年抚养比的变化情况进行分析。

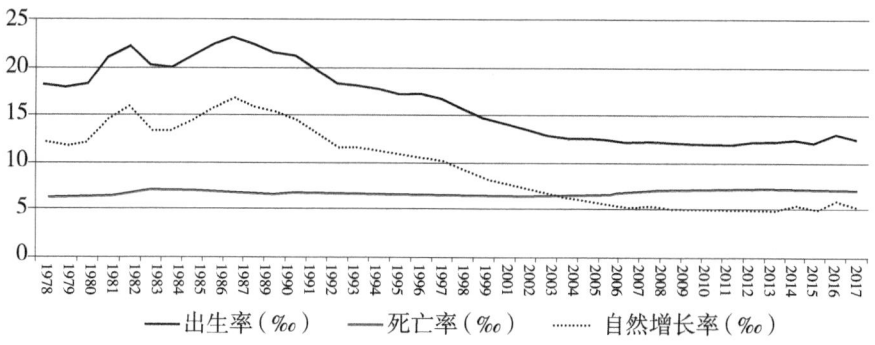

图 3-1　1978—2017 年中国人口出生率、死亡率和自然增长率

20 世纪 80 年代以来出生率的整体下降趋势直接影响到中国少儿抚养比在 1978—2017 年总体上呈现出逐步下降的态势[①]。1978 年我国的少儿抚养比为 66.0%，2017 年少儿抚养比下降至 23.4%，下降幅度为 64.55%。具体分阶段来看，除了 1978—1987 年的年均少儿抚养比下降幅度为 3.79%

---

① 书中分析所涉数据及图表中历年中国总抚养比、少儿抚养比和老年抚养比的数据主要来源于 2018 年的《中国人口和就业统计年鉴》。但是，由于年鉴公布的数据中 1978—1995 年期间有部分数据是缺失的，这一部分的数据来源是田雪原、王金营、周广庆：《老龄化：从"人口盈利"到"人口亏损"》，北京：中国经济出版社，2006 年，第 86-87 页。

之外，少儿抚养比下降幅度较大的年份 2000 年、2005 年和 2010 年，这三个年份的少儿抚养比较之上一年分别下降了 13.07%、7.26% 和 11.86%。以这三个年份为分界点，把我国自 1987 年以来的少儿抚养比变化状况分成四个阶段。第一阶段是 1987—1999 年，少儿抚养比年均下降幅度为 1.15%。第二阶段是 2001—2004 年，少儿抚养比年均下降幅度为 1.77%。第三阶段是 2006—2009 年，少儿抚养比年均下降幅度为 2.44%。第四阶段是 2011—2017 年，少儿抚养比出现略微的上升，上升幅度为 0.98%。除了 1979—1980 年、1983—1985 年、1988 年、1990—1991 年以及 2000 年这几个年份略有下降之外，1978—2017 年的老年抚养比呈现出稳中提升的变化趋势。1978 年中国的老年抚养比为 7.70%，2017 年的老年抚养比则升至 15.90%。由于老年抚养比的变化趋势相对较为平稳，1978 年至 2017 年间中国总抚养比的变化趋势基本和这一期间少儿抚养比的变化趋势大致相同。在经历了由 1978 年开始的长期一段时间的下降之后，总抚养比从 2011 年开始连续几年出现上升趋势。少儿抚养比和总抚养比的下降趋势表明中国的人口年龄结构中劳动年龄人口比重在不断提升，这一时期的抚养能力在增强。2011 年开始总抚养比的上升则说明了人口转变过程中的劳动年龄结构优势逐渐开始变弱，中国的抚养负担由于少儿抚养比和老年抚养比的共同上升而逐步加重。（见图 3-2）。

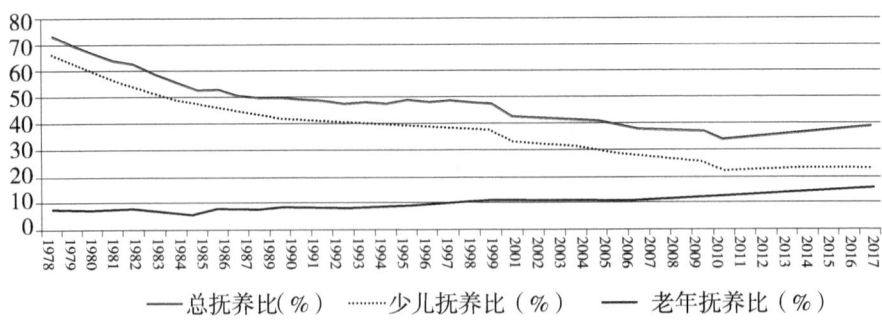

图 3-2　1978—2017 年中国总抚养比、少儿抚养比和老年抚养比

综上看来，劳动年龄人口的多寡是我国经济能否取得长期增长的前提和基础。中国改革开放以来，劳动年龄人口数量的增加及比重的提升为经济增长提供了潜在的劳动力资源优势，有效发挥这种劳动要素优势可以促进我国经济长期稳定增长。人口年龄结构优势所带来的这种经济增长效应也即本书中所指的人口数量红利。但是，自 2011 年以来，中国的劳动年龄人口比重以及对应的各类抚养比均出现了不同程度的上升趋势，这种趋势一直维持至今[①]。显然，抚养比的增加意味着经济增长过程中潜在的劳动力数量在逐步减少，这种趋势会对中国经济增长产生怎样的影响，值得本书展开较为深入的探讨。

3.1.2　中国经济增长速度和特征

在分析中国三十多年来由人口年龄结构优势所带来的经济增长效应之前，首先需要了解这一时期我国经济发展的状态及特征。改革开放至今，中国的人均国内生产总值一直在稳步上升，人均名义 GDP（国内生产总值）已由 1978 年的 381 元增至 2016 年的 53980 元。在整个期间，人均 GDP 值的年均增长率为 3.70%，处于较高的经济增长水平。其中，人均 GDP 增长率最低的两个年份为 1989 年和 1990 年，其值分别为 2.47% 和 2.33%。其次是 1981 年，人均 GDP 增长率只有 3.98%。除了这三个年份，1978—2016 年间其他所有年份的人均 GDP 增长率均要大于 6%。人均 GDP 增长率最高的两个年份则是 1984 年和 2007 年，其值分别为 13.71% 和 13.56%。其次是 1992 年、1993 年和 2006 年这三个年份，它们所对应的人均 GDP 增长率分别为 12.83%、12.66% 和 12.05%，其余年份的人均 GDP 增长率都要低于 12%。综上看来，虽然整个期间人均 GDP 增长率一直处于波动状态，但是其波动范围较为稳定，大部分年份的人均 GDP 增长率处于 6% ~ 12% 的变化范围之内。综上分析可知，我国 1978—2016 年保持了较高的经济增长速度，整个期间经济增长呈现出周期性波动的特征。总体上看，1978—2016 年这三十多年的经济发展大致可以分为三个波动阶段。第一个阶段是 1978—1990 年，第二个阶段是 1991—1999 年，第三个阶段是

---

①　这里提到的劳动年龄比重数据来源于《中国统计摘要 2015》。同时，根据国家统计局已公布的数据，文中"维持至今"主要所指的时间点为 2014 年。

2000—2016年。这三个阶段的人均GDP增长都经历了先增加后下降的变动，分别在1984年、1992年和2007年达到对应阶段的峰值（见图3-3）。

值得注意的是，在上文提到的三个阶段中，第三阶段的经济增长波动趋势要比前两个阶段缓和得多。尤其是自2010年以来，中国的人均GDP增长率呈现出相对较为平缓的下降趋势。这也意味着三十多年的高速经济增长得以结束，中国经济进入一个新的发展阶段，即经济新常态。在经济新常态下，中国经济增长速度虽然略有下降，但是其会以一种更有效率、更优质的方式实现经济的平稳增长，而不是盲目地追求高增长速度。在经济发展过程中，各类生产要素的投入水平、先进技术应用情况以及资源环境等因素都会影响一个国家或地区的经济增长。中国自1978年以来以较高的人均GDP增长率实现了经济增长，这与作为经济增长投入要素之一的劳动力要素是密不可分的。同一时期我国劳动年龄人口结构变化以及劳动年龄人口比重增加对经济增长起到了不可低估的作用。一方面，经济增长过程中劳动力数量的增加有利于提供充分的劳动力资源供给，避免出现因劳动力不足而造成的生产规模受限和经济发展受阻。另一方面，丰富的劳动力资源有利于发挥人力资本的作用，实现技术进步和创新，从而进一步促进经济发展。为了更好地了解劳动力数量增加及劳动年龄人口比重提升对经济增长的促进，下文将进一步探讨1979—2016年中国人口年龄结构变化对经济增长的红利效应。

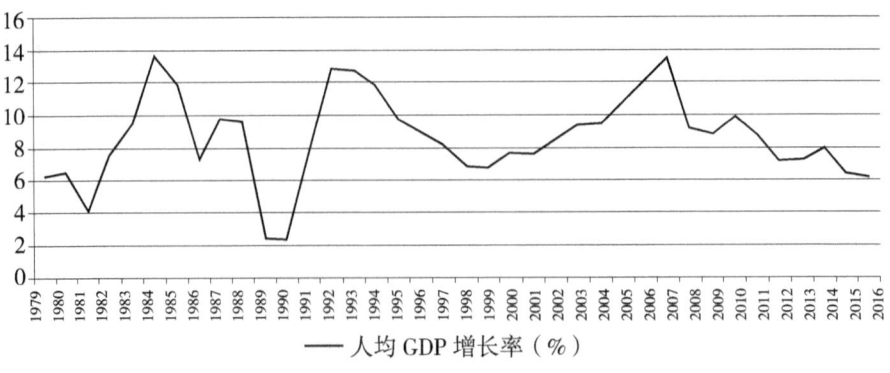

图3-3　1979—2016年中国人均GDP增长率

3.2　人口年龄结构变化对经济增长的红利效应

3.2.1　经济增长率的因素分解

当前已有诸多文献研究人口年龄结构变化对经济增长的影响，探讨中国多年来人口因素变化对经济增长的贡献，这也是很多文献中提到的对于人口红利的测度。对于这些研究文献，大致可以分为以下几类：第一类是以宏观生产函数为基础，建立包含劳动力要素的双对数模型，通过计量回归模型估计出劳动投入要素的弹性，并进一步测算出劳动力要素对经济增长的贡献，从而间接反映出人口年龄结构对经济增长的影响。这种人口红利的估算方式是当前大多数文献通常使用的方法。采取这种方法进行人口数量红利测算的研究有蔡昉和王德文（1999）、李善同等（2005）、车士义等（2011），这些文献的测算结果因估算周期并不一致，导致所得结果并不相同。如蔡昉和王德文（1999）得出的结论是劳动力对中国 1982—1997 年经济增长的贡献为 23.71%，李善同等（2005）的研究发现 1978—2003 年劳动力要素对经济增长的贡献率为 10.6%，而车士义（2011）等学者的研究结论则是中国自改革放开以来至 2008 年劳动力数量对经济增长的贡献为 9% 左右。这类文献大部分展示的是其研究周期内劳动力数量对经济增长的贡献均值，因不同文献研究周期不一样，所得结论势必不同。第二类方法的研究者主要是王丰和梅森（2006），他们为了考察人口因素对经济增长的作用，采用宏观经济增长核算法把抚养比增长率从经济增长率中分离出来，认为经济增长率由有效生产者人均产出增长率和抚养比增长率两部分构成，并假定在前者不变的前提下，可以用抚养比增长率的变化来反映人口因素对经济增长的作用。采用此种方法，他们估算出 1982—2000 年中国人口红利对经济增长的贡献率为 15% 左右。王丰和梅森（2006）的这种方法操作相对复杂，需要对有效生产者人数和有效消费者人数进行估算和处理。另外，上面总结的两类有关人口红利测度的文献有个共同点，就是有关人口红利对经济增长贡献测算的研究期间相对偏早，都是研究我国改革开放之后至21世纪初期这一阶段人口因素对经济增长的影响。研究期间最晚的是上文提到的车士义等（2011）学者，但是他们研究时间的最近年份也只是到2008年。由此看来，现有文献有关最近几年人口年龄结构变化对经济增长的红利效应研究相对较少。但是，很多学者把2013年前后作为人口红利变化的关键点，这从另一方面又凸显出对这一时间节点左右的期间人口红利研究的重要性。由此可见，有必要对人口年龄结构所产生的红利效应的研究期间进行拓展。

本书有关人口年龄结构变化对于经济增长影响的分析与上文所述王丰和梅森（2006）的方法有些类似，都是基于对构成经济增长率的因素进行分解。由于王丰和梅森（2006）一文中需要事先对于有效生产者人数和有效消费者人数进行估算，不同估算方法势必会造成不同的测算结果，而袁富华（2012）在其研究中提到了一种更易利用现有统计数据进行操作的经济增长率分解方法，并运用此方法对包含美国、日本、加拿大及部分欧洲国家在内的十二个国家的多年人均GDP增长率进行了分解。鉴于此，本书借鉴袁富华（2012）的经济增长率分解方法，用于分析人口年龄结构变化对经济增长的影响。

用TP代表总人口，LF代表劳动年龄人口，OP代表实际就业人数，GDP为一国的国内生产总值，则人均国内生产总值可以表示为GDP/TP，劳动年龄人口比重可以表示为LF/TP，劳动参与程度可以表示为OP/LF，劳动生产率可以表示为GDP/OP。上面四个指标之间的关系可以表示为：

$$\frac{GDP}{TP} = \frac{LF}{TP} \times \frac{OP}{LF} \times \frac{GDP}{OP} \qquad (3.1)$$

也即，人均国内生产总值是劳动年龄人口比重、劳动参与程度和劳动生产率三者的乘积。为了进一步简化，用 y 代表人均国内生产总值，用 w、l 和 p 分别代表劳动年龄人口比重、劳动参与程度和劳动生产率，则式（3.1）可以进一步表示成式（3.2）：

$$y = w \times l \times p \qquad (3.2)$$

对式（3.2）两边取对数，有：

$$\ln y = \ln w + \ln l + \ln p \tag{3.3}$$

再基于上式对时间 t 进行求导，有：

$$\frac{dy/dt}{y} = \frac{dw/dt}{w} + \frac{dl/dt}{l} + \frac{dp/dt}{p} \tag{3.4}$$

式（3.4）说明人均 GDP 增长率可以看作是劳动年龄人口比重增长率、劳动参与程度变化率和劳动生产率增长率三个要素的和。下文有关人口年龄结构变化对经济增长的贡献测量基于式（3.4）展开。

3.2.2　人口年龄结构变化对整体经济增长贡献的测度

3.2.2.1　贡献测度

根据本节第一部分人均 GDP 增长率的分解公式，人均 GDP 增长率是由劳动年龄人口比重增长率、劳动参与程度变化率和劳动生产率增长率三个部分组成的。其中，劳动年龄人口比重增长率在一定程度上反映了我国人口因素的变化，可以近似看作人口年龄结构的变化，用于测量其对经济增长的贡献程度。本部分根据上述公式，测算了中国自 1978 年以来至 2016 年人口年龄结构变化对经济增长的影响，具体估算结果见表 3-1。

研究发现，在 1978—2016 年，中国人均国内生产总值年平均增长率为 8.56%。其中，劳动生产率年平均增长率为 7.76%，劳动参与程度年平均变化率为 0.30%，而作为人口因素指标的劳动年龄人口比重年平均增长率为 0.52%，三者共同促进了人均国内生产总值的增长。同时，考虑到我国的人口控制政策在不同阶段有所调整，1978—2000 年之前属于严格控制生育的阶段，而自 2000 年开始到 2013 年则主要实施以利益导向为主的计划生育政策。因此，估算过程中把本书的研究期间也相应地分为两个阶段，分阶段考察人均国内生产总值增长率各个要素的构成。对于 1978—1999 年这一阶段，人均国内生产总值增长率平均值为 8.36%。其中，劳动生产率增长率平均值为 6.88%，劳动参与程度变化率平均值为 0.91%，劳动年龄人口比重增长率平均值为 0.61%。人均国内生产总值增长率平均值和劳动生产率增长率均要低于整个阶段的对应值。在 2000—2016 年，人均国内生产总值年平均增长率为 8.81%。其中，劳动生产率年平均增长率为 8.86%，劳动参与程度年平均变化率为 –0.46%，劳动年龄人口比重年平均增长率为 0.41%。劳动参与程度年平均变化率由前一阶段的正向增长转为负向变化，劳动年龄人口比重年均增长率较前一阶段有所下降。

观察劳动年龄人口比重增长率的估算结果可知，劳动年龄人口比重在 1978—2016 年整个期间总体上呈上升趋势，少数年份略有下降。劳动年龄人口比重增长率在整个时期则呈现出不断波动的态势。从整体上看，由第一阶段的 0.61% 下降至第二阶段的 0.41%。为了进一步考察人口年龄结构变化对经济增长的影响，本书分阶段测算了劳动年龄人口比重增长率对人均国内生产总值增长率的贡献程度。在第一阶段（1978—1999 年），劳动年龄人口比重增长带来了 7.30% 的人均国内生产总值增长；在第二阶段（2000—2016）年，劳动年龄人口比重增长对人均国内生产总值增长的解释能力有所下降，占比为 4.65%。整个期间劳动年龄人口比重增加对人均国内生产总值增加的贡献度为 6.07%。

表 3-1　1978—2016 年人均 GDP 及各要素分解

年份	人均GDP（元）	人均GDP增长率（%）	劳动生产率（元/人）	劳动生产率增长率（%）	劳动参与程度（%）	劳动参与程度变化率（%）	劳动年龄人口比重（%）	劳动年龄人口比重增长率（%）
1978	381.00	–	907.83	–	70.00	–	59.59	–
1979	404.24	6.10	956.06	5.31	69.95	–0.08	60.13	0.90
1980	430.53	6.50	998.19	4.41	70.67	1.03	60.72	1.00
1981	447.68	3.98	1017.90	1.98	71.41	1.05	61.18	0.76
1982	480.82	7.40	1071.15	5.23	72.45	1.45	61.50	0.52
1983	525.40	9.27	1158.65	8.17	72.09	–0.50	62.53	1.68
1984	597.41	13.71	1285.73	10.97	72.69	0.83	63.54	1.61
1985	668.66	11.93	1409.90	9.66	73.13	0.60	64.43	1.40
1986	717.04	7.24	1492.74	5.88	73.16	0.05	65.20	1.19
1987	787.15	9.78	1618.05	8.39	73.33	0.22	65.86	1.02
1988	862.20	9.54	1749.00	8.09	73.94	0.84	66.19	0.49
1989	883.54	2.47	1787.35	2.19	73.79	–0.20	66.53	0.52
1990	904.11	2.33	1585.90	–11.27	84.85	14.99	66.74	0.32
1991	973.84	7.71	1712.09	7.96	85.32	0.55	66.27	–0.70
1992	1098.80	12.83	1936.33	13.10	85.10	–0.26	66.34	0.10
1993	1237.87	12.66	2184.68	12.83	84.50	–0.70	66.71	0.55
1994	1384.17	11.82	2446.89	12.00	84.76	0.30	66.41	–0.45

续表

年份	人均GDP（元）	人均GDP增长率(%)	劳动生产率（元/人）	劳动生产率增长率(%)	劳动参与程度（%）	劳动参与程度变化率（%）	劳动年龄人口比重（%）	劳动年龄人口比重增长率（%）
1995	1518.67	9.72	2690.05	9.94	83.63	−1.33	67.20	1.20
1996	1653.16	8.86	2921.45	8.60	83.83	0.25	67.20	0.00
1997	1788.41	8.18	3152.92	7.92	83.67	−0.20	67.50	0.45
1998	1910.33	6.82	3360.50	6.58	83.75	0.10	67.60	0.15
1999	2037.97	6.68	3578.62	6.49	83.84	0.10	67.70	0.15
2000	2192.66	7.59	3842.67	7.38	81.08	−3.29	70.15	3.62
2001	2357.25	7.51	4121.05	7.24	81.02	−0.07	70.40	0.36
2002	2554.22	8.36	4465.97	8.37	81.15	0.16	70.30	−0.14
2003	2793.11	9.35	4883.27	9.34	81.05	−0.12	70.40	0.14
2004	3056.38	9.43	5337.43	9.30	80.56	−0.60	70.92	0.73
2005	3382.14	10.66	5910.68	10.74	79.25	−1.63	72.04	1.58
2006	3789.81	12.05	6630.38	12.18	78.87	−0.48	72.32	0.39
2007	4303.78	13.56	7535.18	13.65	78.60	−0.34	72.53	0.29
2008	4694.30	9.07	8234.56	9.28	78.16	−0.56	72.80	0.37
2009	5101.59	8.68	8962.05	8.83	77.79	−0.48	73.05	0.34
2010	5607.18	9.91	9862.00	10.04	76.15	−2.10	74.53	2.03
2011	6099.43	8.78	10734.78	8.85	76.20	0.07	74.43	−0.13
2012	6534.53	7.13	11513.38	7.25	76.40	0.25	74.15	−0.38
2013	7000.88	7.14	12352.87	7.29	76.53	0.18	73.92	−0.31
2014	7561.71	8.01	13361.91	8.17	76.89	0.47	73.45	−0.64
2015	8042.53	6.36	14247.39	6.23	77.17	0.36	73.01	−0.60
2016	8535.16	6.13	15170.68	6.48	77.40	0.30	72.51	−0.68
1978—1999	986.05	8.36	1864.64	6.88	77.72	0.91	64.87	0.61
2000—2016	4918.04	8.81	8656.84	8.86	78.48	−0.46	72.41	0.41
1978—2016	2699.99	8.56	4825.34	7.76	78.06	0.30	68.15	0.52

数据来源：根据《中国人口和就业统计年鉴》和《中国统计年鉴》公布的相关数据整理计算。

3.2.2.2 进一步探讨

上文从人口年龄结构变化对整体经济增长贡献的视角分析了我国1978年以来人均国内生产总值增长率变化和来源。研究发现，作为人口因素指标的劳动年龄人口比重增长率对人均国内生产总值增长率的贡献在4.65%

至 7.30% 之间。为了进一步考察劳动年龄人口比重增长率与人均国内生产总值增长率之间是否存在长期稳定的这种关系，本书在这一部分对这两个变量进行了协整关系检验。

在对两个变量的协整关系进行检验之前，首先需要对时间序列变量的平稳性进行单位根检验。本书用 g_{GDP} 代表人均国内生产总值增长率，用 g_w 代表劳动年龄人口比重增长率。两个变量的时间序列平稳性的单位根检验结果见表 3-2。由表 3-2 可以发现，变量 g_{GDP} 和 g_w 的 ADF 统计量分别为 -3.71 和 -5.13，均要小于 5% 显著性水平下其对应的临界值，因此这两个变量均是平稳序列。

表 3-2　时间序列变量的平稳性检验

变量	ADF 统计量	显著性水平	临界值	结论
g_{GDP}	-3.709763	5%	-2.960411	平稳
g_w	-5.127153	5%	-2.951125	平稳

第二步是对这两个变量进行协整关系检验。以人均国内生产总值增长率 g_{GDP} 作为因变量，劳动年龄人口比重增长率 g_w 作为自变量建立如式（3.5）的协整回归模型：

$$g_{GDPt} = \alpha_0 + \alpha_1 g_{wt} + \varepsilon_t \qquad （3.5）$$

生成上述协整回归的残差序列并假设 ε_t 是非平稳的，因变量人均国内生产总值增长率 g_{GDP} 和自变量劳动年龄人口比重增长率 g_w 之间不存在协整关系，对残差序列进行平稳性检验，可以得到表 3-3 中显示的相关信息。如表 3-3 所示，ADF 统计量是 -4.1297，小于 5% 显著性水平下的 Mackinnon 协整检验临界值，由此可以得出协整回归的残差序列是平稳序列，因变量人均国内生产总值增长率 g_{GDP} 和自变量劳动年龄人口比重增长率 g_w 之间存在协整关系。

表 3-3　协整回归残差序列的平稳性检验

变量	ADF 统计量	显著性水平	Mackinnon 协整检验临界值	结论
res	-4.129703	5%	-3.3377	平稳

对变量人均国内生产总值增长率 g_{GDP} 和劳动年龄人口比重增长率 g_w

直接进行恩格尔-格兰杰的协整检验也能得到类似的结论，检验结果见表3-4。表中 tau-statistic 为恩格尔-格兰杰 t 统计量，Prob. 为 P 值，z-statistic 为残差的标准化自相关系数。结果中两个变量的 t 统计量和 z 统计量的临界值参照 Mackinnon 临界值表都是显著的，两者存在协整关系。

表3-4　恩格尔-格兰杰协整检验结果

变量	tau-statistic	Prob.	z-statistic	Prob.
g_{GDP}	−4.187306	0.0116	−36.07488	0.0000
g_w	−5.240892	0.0008	−31.38491	0.0004

注：此处的概率 p 值是根据 Mackinnon 临界值表进行计算的结果。

由以上分析可知，人均国内生产总值增长率和劳动年龄人口比重增长率之间存在着长期的协整关系。作为人均国内生产总值增长率的一个构成部分，劳动年龄人口比重增长率的变化能够对人均国内生产总值增长率的变化产生影响，这在一定程度上反映了作为人口因素的劳动年龄人口比重变化对人均国内生产总值产生的作用。

3.2.3　人口年龄结构变化对区域经济增长贡献的测度

上一部分对中国 1978—2016 年人口年龄结构变化对经济增长的影响进行了测算和分析。本部分以 2016 年为例，对全国 31 个省、市、自治区的人均 GDP 及各要素分解值进行了计算，并分东、中、西部进行了比对，具体结果如表 3-5 所示。

从整体上来看，虽然各地区 2016 年人均 GDP 的值各不相同，范围在 5185.42 ～ 89178.84 元之间，但人均 GDP 的增长率除了辽宁省之外均实现了一定程度的正向增长，增长范围在 4.50% ～ 10.10% 之间。从劳动生产率来看，2016 年劳动生产率增长率最快的是重庆市，为 10.07%，增长率最低的是新疆，为 1.23%，两者之间相差了 8.84 个百分点。值得注意的是，安徽、福建、江西、山东、河南、湖南、广西、四川、贵州、云南、西藏这几个省（自治区）的劳动参与程度偏高，均超过了 100%，这意味着 2016 年这些省（自治区）的实际就业人数要大于劳动年龄人口数，即有一部分不在劳动年龄范围内的人口也加入就业大军之中。同时，不同地区劳动参与程度变化率的差异相对较大，数值最低的是广西省，为 –5.65%，数值最高的是北京市，为 6.94%。从劳动年龄人口比重这一指标来看，不同地区之间的差异相对其他几个指标而言要小些，数值在 53.17 ~ 71.81 之间。有 22 个省（市、区）的劳动年龄人口比重增长率的值为负数，占所有省（市、区）的比重为 70.97%，这在一定程度上反映出中国的人口年龄结构在趋于老龄化。

分地区来看，2016 年人均 GDP 从高到低依次是东部地区 24985.15 元、中部地区 9508.16 元和西部地区 8641.95 元。但是，人均 GDP 的增长率则恰好相反，从高到低的顺序依次是西部地区 7.45%、中部地区 7.10% 和东部地区 5.99%。东、中、西部的劳动生产率增长率相差无几，分别为 6.37%、6.55% 和 6.35%，但它们对于人均 GDP 增长率的解释力却并不相同，劳动生产率增长率对人均 GDP 增长率的贡献程度从高到低分别是东部、中部和西部。东、中、西部的劳动参与程度变化率的绝对值分别为 1.96%、1.43%、1.15%，它们对人均 GDP 增长率的贡献程度分别为 32.72%、20.14% 和 15.44%。东、中、西部的劳动年龄人口比重占比在 60.74% ~ 65.39% 之间。其中，东部最高，中部次之，西部最低。三个地区的劳动年龄人口比重增长率均为负值，其值分别为 –2.34%、–0.88% 和 –0.05%。

表 3-5　2016 年各地区人均 GDP 及各要素分解

省(市、区)	人均GDP（元）	人均GDP增长率(%)	劳动生产率（元/人）	劳动生产率增长率(%)	劳动参与程度（%）	劳动参与程度变化率（%）	劳动年龄人口比重（%）	劳动年龄人口比重增长率(%)
北京	19409.34	6.30	34568.06	3.43	79.19	6.94	70.77	–4.07
天津	31061.79	7.50	53764.89	7.87	80.81	3.61	71.37	–3.98
河北	10345.24	6.10	18295.43	6.45	96.68	2.82	58.42	–3.17
山西	9700.94	4.50	18718.52	3.06	75.88	0.97	68.33	0.47
内蒙古	16682.76	6.90	28521.41	6.53	81.94	–0.53	71.40	0.90
辽宁	15224.13	–2.30	28963.68	2.22	76.50	–3.55	68.66	–0.97
吉林	12078.01	7.30	21980.77	5.02	79.36	3.73	69.28	–1.45
黑龙江	10282.85	6.50	18805.44	2.89	76.17	4.9	71.81	–1.29
上海	89178.84	6.90	158076.82	6.83	79.74	1.17	70.74	–1.10
江苏	28509.25	7.50	47946.80	7.86	94.94	2.50	62.57	–2.86

续表

省(市、区)	人均GDP（元）	人均GDP增长率(%)	劳动生产率（元/人）	劳动生产率增长率(%)	劳动参与程度（%）	劳动参与程度变化率（%）	劳动年龄人口比重（%）	劳动年龄人口比重增长率(%)
浙江	22013.85	6.76	32728.03	6.99	99.76	0.80	67.41	-1.03
安徽	8609.15	7.69	12229.98	8.12	118.97	-0.27	59.15	-0.15
福建	14563.84	7.50	20171.52	7.37	118.77	5.08	60.64	-4.95
江西	7963.53	8.40	13864.31	8.12	103.59	1.35	55.45	-1.07
山东	16144.47	6.70	24149.82	7.50	111.41	1.04	59.96	-1.85
河南	8735.64	7.60	12380.04	6.74	127.53	0.95	55.36	-0.09
湖北	11195.85	7.50	18135.86	8.85	98.01	0.52	62.91	-1.87
湖南	7499.34	7.30	13049.77	9.57	100.70	-0.66	56.96	-1.61
广东	16007.31	6.19	28039.22	6.63	84.29	2.15	67.67	-2.59
广西	5447.67	6.30	9276.95	6.44	106.48	-5.65	54.97	5.51
海南	12378.59	6.70	20337.48	6.95	99.56	-1.09	61.12	0.84
重庆	13668.71	9.60	24257.20	10.07	96.56	1.30	58.32	-1.77
四川	9278.47	7.00	15773.40	7.47	101.60	2.34	57.84	-2.81
贵州	5185.42	10.10	9292.72	8.81	105.06	1.18	53.17	0.11
云南	5452.04	8.00	8673.77	6.62	102.61	2.58	61.29	-1.19
西藏	7281.55	7.80	9475.51	1.63	130.16	5.30	59.12	0.87
陕西	10221.67	7.10	18801.36	7.56	82.81	0.04	65.63	-0.50
甘肃	8410.80	7.23	14174.22	6.74	93.94	1.81	63.17	-1.31
青海	8693.56	7.08	15897.63	7.03	86.62	-0.62	63.13	0.67
宁夏	6854.99	7.00	12532.82	6.07	86.65	-0.68	63.15	1.61
新疆	6525.74	5.30	12389.04	1.23	91.25	6.79	57.65	-2.72
东部	24985.15	5.99	42458.34	6.37	92.88	1.96	65.39	-2.34
中部	9508.16	7.10	16145.59	6.55	97.53	1.43	62.41	-0.88
西部	8641.95	7.45	14922.17	6.35	97.14	1.15	60.74	-0.05

数据来源：根据各省市统计年鉴、《中国人口和就业统计年鉴》及《中国统计年鉴》公布的相关数据整理计算所得。

第4章 人口结构红利与经济增长差异

劳动力产业转移产生的人口结构红利与我国人口转变过程中的年龄结构变化以及国家对于劳动力流动政策的调整密切相关。本章从不同时期、不同地区两个方面分析了改革开放以来我国劳动力转移所带来的人口结构红利。对于不同时期劳动力转移的结构红利，以 Fabricant 提出的 shift-share 分析法为基础，并结合我国不同时期的劳动力流动政策，把 1978—2016 年这一时间范围划分为 1978—1983 年、1984—1988 年、1989—1991 年、1992—2000 年、2001—2016 年几个不同的阶段，并对这五个阶段的静态转移效应和动态转移效应进行了分解。对于不同地区劳动力转移的结构红利，类似地参照上述方法对 2000—2016 年全国 31 个省、市、自治区的静态转移效应和动态转移效应进行了分解。同时，本章通过实证分析的方法对劳动力转移驱动经济增长的作用机制进行了检验，以探求劳动力转移带来的结构红利效应提升空间。此外，本章的最后一部分探讨了人力资本集聚、城镇化与产业结构升级之间的互动关系。

4.1 劳动力转移与中国经济增长

4.1.1 中国人口变化与劳动力转移

每一个国家的人口转变过程中都会出现人口年龄结构的不同状态，

从具有较多新生人口数量的状态逐步过渡到出现数量充沛的年轻劳动力阶段，再进入充满老年人口的老龄化阶段。对于中国而言，20 世纪 70 年代末以来劳动年龄人口数量总体上呈增长态势。据 2018 年《中国人口和就业统计年鉴》公布的统计数据显示，2013 年的劳动年龄人口数量为 100582 万人，占比 73.9%；2017 年的劳动年龄人口数量为 99829 万人，占比 71.8%。自 2013 年以来一直呈现略有下降的趋势，但可以发现中国劳动年龄人口数量依旧庞大。由此可见，在人口转变的大背景下中国当前依旧具有较为充沛的潜在劳动力资源。同时，自改革开放起我国开始逐步调整有关农村劳动力流动的政策，旨在有效解决农村劳动力剩余和城市非农产业劳动力缺乏并存的矛盾。劳动力流动政策的调整方向由对流动的严格控制逐渐向允许在城乡之间转移、控制剩余劳动力在三次产业和不同区域之间的盲目流动以及引导剩余劳动力合理流动转变。劳动力城乡之间流动和产业之间转移得到了合理合法的依据，这极大地提升了剩余劳动力的流动人数。由此，人口转变的过程及劳动力流动政策的放开，有效提升了劳动力在城乡之间和三次产业间的流动水平，有利于改善生产要素在不同地区和产业之间的配置效率，从而在经济增长过程中收获尽可能多的人口结构红利。如前所述，改革开放以来我国人口转变过程中 15～64 岁劳动年龄人口数量大幅增加，其所占比重也一直上升，而老年抚养比则呈现不断下降的趋势。劳动年龄人口的大量增加为劳动力在不同产业之间转移提供了前提条件。在人口转变过程中我国的劳动力数量在三次产业间是如何分布的，伴随着劳动力年龄人口比重的变迁三次产业的劳动力配置发生了什么样的变化，本书将对此进行具体分析。下文首先分析三次产业劳动就业人口的变化。

如图 4-1 所示，1978—2017 年一产就业人数减少了 7374 万人，其变动趋势为在波动中就业人数逐渐变少，具体由四个进一步细分的变化周期组成。首先是 1978—1991 年这一期间，一产就业人数呈现出稳步上升的发展态势，由期初的 28318 万人上升至期末的 39098 万人，上升幅度为 38.07%。其中，1984 年是个特例，一产就业人数有小幅下降。其次是 1992—1996 年的第二个时期，人数逐年减少是这一时期第一产业的主要特征。再次是 1997—2002 年的第三个时期，一产就业人数由 34840 万人增至 36640 万人。最后是 2003—2017 年的第四个时期，一产就业人数的变化趋势与第二个时期类似。虽然第二产业的劳动就业人数在 1978—2017 年整个期间也有波动，但是相对于第一产业就业人员不同年份的数量变化，其波动幅度为 2013 年之前只有五个年份的就业人数呈现小幅下降，其余年份就业人数均在增加，2013 年开始呈现逐年下降趋势。二产就业人数由期初的 6945 万人增至期末的 21824 万人，增幅为 214.24%。逐年稳步增长是研究期间内第三产业就业人数的变化特征，就业人数由期初的 4890 万人增至期末的 34872 万人，39 年间增加了 29982 万人。其中，1994 年和 2011 年是两个重要的年份，前者是第三产业就业人数开始超过第二产业就业人数的标志年份，而后者是第三产业就业人数超过第一产业就业人数的起始年份。

根据上文对于研究期间内三次产业就业人数变化趋势的描述，三产就业人数占比变化特征大致相同，即比重下降是一产的总体特征，比重上升则是二、三产业的变化特点。数据显示，除了四个年份的占比略有提升之外，一产就业人数占比由期初的 70.53% 降至期末的 27.00%，整整降低了 43.53 个百分点。而二产就业人数占比变化方向则相反，2013 年前除了六个年份的占比略有下降之外，2013 年开始占比逐年下降。总体来看，就业占比由期初的 17.30% 增至期末的 28.10%，整个期间增加了 10.8 个百分点。类似地，三产就业占比的变化由期初的 12.18% 增加了 32.72% 个百分点，导致期末的比重为 44.90%。值得注意的是，39 年以来三次产业就业人数及比重的变化使得期初一产在三次产业中的绝对主导地位不复存在，二、三产业就业人数及比重的持续增加使得第一、二、三产业的劳动就业人数占比呈现出各产业约占三分之一的状态。由此看来，三次产业间劳动力流动程度的不断加深促进了越来越多的一产剩余劳动力向二、三产业转移，一产庞大的劳动力数量逐渐减少，而二、三产业的劳动力数量则逐步上升，三次产业的劳动力就业分布逐渐向较为均等的方向发展。

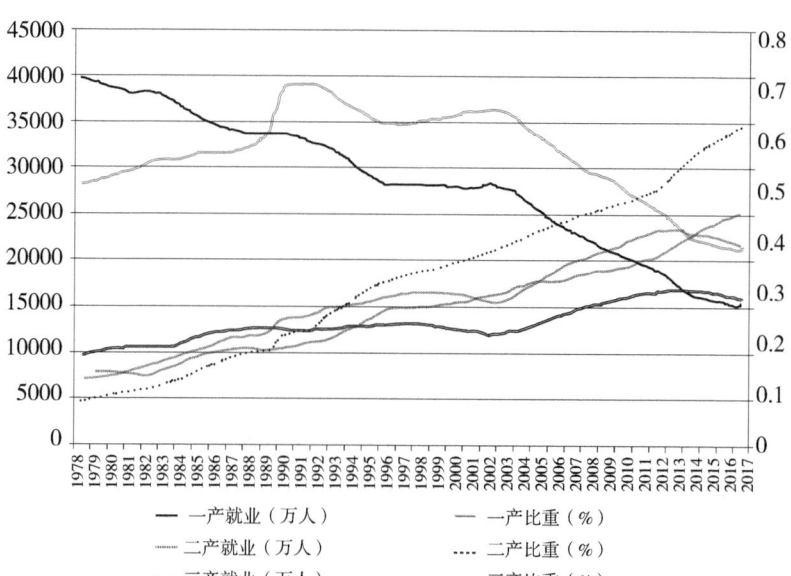

图 4-1　1978—2017 年三次产业就业人员人数及比重变化

4.1.2　不同时期劳动力转移的经济增长效应

如前所述，改革开放以来我国劳动力流动政策的逐步调整和放开是劳动力能够在不同地区和产业之间得以转移的必要前提条件。根据 1978 年以来我国劳动力流动政策的调整过程及学者们的归纳分析，改革开放后我国的劳动力流动政策可以划分为以下几个阶段：第一阶段是 1978—1983 年，劳动力城乡和产业转移是受到限制的；第二阶段是 1984—1988 年，劳动力可以在不同地区和产业之间转移；第三阶段是 1989—1991 年，国家相关部门调整劳动力的流动政策，控制盲目流动；第四阶段是 1992—2000 年，国家进一步规范劳动力在不同地区和产业间的流动；第五阶段是 2001 年至今，国家的劳动力流动政策由之前的强调规范流动转变为强调公平流动[1][2]。对于 1978—2016 年劳动力转移所形成的结构红利，本书首先采用

---

①　宋洪远、黄华波、刘光明：《关于农村劳动力流动的政策问题分析》，《管理世界》2002 年第 5 期，第 57 页。

②　李厚刚：《建国以来国家对于农村劳动力流动政策变迁》，《理论月刊》2012 年第 12 期，第 172 页。

shift-share 法估算劳动力转移所带来的静态效应和动态效应，并结合我国的劳动力流动政策分阶段对其进行分析。

Shift-share 法把总生产率增长归因于要素内部生产率和要素流动产生的生产率这两个方面的增长。因此，本书同样认为三次产业内部劳动生产率和三次产业间劳动力转移形成的增长共同构成了劳动生产率的增长。Shift-share 法的计算公式如式（4.1）和式（4.2）所示：

$$LP = \frac{Y}{L} = \sum_{i=1}^{n} \frac{Y_i L_i}{L_i L} = \sum_{i=1}^{n} LP_i S_i \qquad (4.1)$$

$$\frac{LP^T - LP^0}{LP^0} = \frac{\sum_{i=1}^{n} (LP_i^T - LP_i^0) S_i^0}{LP^0} + \frac{\sum_{i=1}^{n} (S_i^T - S_i^0) LP_i^0}{LP^0}$$

$$+ \frac{\sum_{i=1}^{n} (S_i^T - S_i^0)(LP_i^T - LP_i^0)}{LP^0} \qquad (4.2)$$

式（4.1）和式（4.2）中，LP 指的是总的劳动生产率，i（1~3）指的是三次产业，Y 指的是以 1978 年为基期的 GDP 贡献，L 指的是就业人数，LP 指的是劳动生产率，S 指的是每一产业人数占总就业人数的比例。其中，LP 和 S 带右上角 0 的角标指的是期初的值，带右上角 T 的角标指的是期末的值。此外，公式（4.2）右边由三个部分组成。第一部分代表三次产业内部的劳动生产率增长率，第二部分和第三部分分别代表静态转移效应和动态转移效应，即分别指在其他情况不变的条件下，劳动力向最初具有较高生产率的产业流动和劳动力向具有较高生产率的产业流动所产生的对总劳动生产率的影响大小，两者共同构成劳动力转移的结构效应。

在数据的使用上，式（4.1）中的 Y 指的是三次产业国内生产总值中劳动的贡献。在已有的文献中，对此往往有两种处理方法：第一种是直接用三次产业的增加值作为产出直接进行替代，而不区分其中劳动和资本的贡献，如王丽英和刘后平（2010）。第二种是分别计算出资本和劳动的弹性，然后利用弹性分解出产出中资本和劳动的贡献。对于资本和劳动弹性的确定，最初有部分学者使用经验法进行判断，认为改革开放后中国资本和劳动的弹性可以分别取 0.4 和 0.6[①]，但是这种方法由于存在着较大的主观任意性，已经较少被使用。同时，也有学者分别采用劳动的收入和资本的报酬，并计算其在两者之和中的占比来替代资本和劳动的弹性，如帅先富和卢源荣（2010）。显然，上述两种方式并没有区分三次产业间资本和劳动弹性的差异，在本研究中并不适用。除了上述两种计算资本和劳动弹性的方式以外，更多的学者是通过建立柯布 – 道格拉斯生产函数来估算资本和劳动的弹性，并用于计算国内生产总值产出中资本和劳动的贡献。这种方式虽然比经验法更具科学性，但是美中不足的是用柯布 – 道格拉斯生产函数估计出的资本和劳动弹性在其估计期间内是固定不变的，不能很好地反映出资本和劳动弹性在不同年份间变化的情况。因此本书也舍弃了这种估算方式。考虑到本书研究的结构红利主要是通过劳动力在不同产业之间流动来实现的，不同产业间资本变化并不在本书的研究范围之内，而包括《中国国内生产总值核算历史资料》和各个省份的历年统计年鉴在内的现有统计资料中可以获取到各个省份自 1978 年以来分三次产业的国内生产总值构成项目。鉴于此，本书首先计算了各个省份历年三次产业中劳动者报酬占本产业的比重，再对每一年份的各省份三次产业劳动者报酬的占比分别求平均值，把计算结果作为历年全国三次产业国内生产总值中劳动贡献的占比，该占比与以 1978 年为基期的历年三次产业国内生产总值的乘积便是三次产业国内生产总值中劳动的贡献。根据数据资料的获取情况，本书中所涉及的省份不包括海南和西藏这两个省、自治区，同时，由于部分省份的统计年鉴上缺失了 2005 年以来三次产业劳动者报酬及国内生产总值的数据，此处用灰色预测模型 GM（1，1）对缺失的部分数据进行了估算。对于式（4.1）中的 L，本书采用的是三次产业历年年末的劳动就业人数。最终，我们基于式（4.2）对我国 1978—2016 年分阶段的劳动力静态转移效应和动态转移效应进行了估算，计算结果见表 4-1。

[①]　该观点来源于：郭克莎. 中国：改革中的经济增长与结构变动［M］. 上海：上海三联书店，1993：87–166.

表 4-1　中国 1978—2016 年分阶段劳动生产率的各类增长效应均值（单位：%）

阶段	内部增长效应			内部增长效应合计	结构效应		结构效应合计	总效应
	一产	二产	三产		静态转移	动态转移		
1978—1983 年	2.04	1.11	0.93	4.08	0.79	0.02	0.81	4.89
1984—1988 年	1.58	2.72	1.34	5.64	1.58	0.07	1.65	7.29
1989—1991 年	−0.58	1.77	−0.53	0.66	−0.21	−0.03	−0.24	0.42
1992—2000 年	1.13	6.15	1.41	8.69	0.88	0.08	0.96	9.65
2001—2016 年	0.13	1.49	0.40	2.02	0.30	0.56	0.86	2.88

从测算结果中我们可以发现，第一阶段（1978—1983 年）平均每年的劳动力静态转移效应是 0.79%，动态转移效应是 0.02%。劳动力从生产率较低的产业向生产率较高的产业流动带来了年均 0.79% 的转移效应，而劳动力从生产率增长率较低的产业向生产率增长率较高的产业流动带来了年均 0.02% 的转移效应。在这一期间，随着改革开放在全国的推进，农村出现了越来越多的剩余劳动力。虽然这一时期国家的劳动力流动政策主要是控制流动，但是国家相关部门颁布的《关于进一步做好城镇劳动就业工作的意见》和《关于广开门路、搞活经济、解决城镇就业问题的若干决定》两个文件中并没有严格禁止劳动力在不同产业和地区之间流动，只是规定"农村人口迁入城镇要严格履行审批手续"。因此，劳动力转移带来了 0.81% 的年均结构效应。

第二阶段（1984—1988 年）平均每年的劳动力静态转移效应是 1.58%，动态转移效应是 0.07%。劳动力从生产率较低的产业向生产率较高的产业流动带来了年均 1.58% 的转移效应，而劳动力从生产率增长率较低的产业向生产率增长率较高的产业流动带来了年均 0.07% 的转移效应。在这一期间，中共中央和国务院相继发布了《关于进一步活跃农村经济的十项政策》和《关于加强贫困地区劳动力资源开发工作的通知》等政策文件，促进劳动力在不同地区和产业之间流动。劳动力在改革开放后首次实现了大规模的转移，由此带来的劳动力的年均结构效应为 1.65%，比前一阶段的 2 倍还要多。

第三阶段（1989—1991 年）平均每年的劳动力静态转移效应是 −0.21%，动态转移效应是 −0.03%。劳动力从生产率较低的产业向生产率较高的产业流动带来了年均 −0.21% 的转移效应，而劳动力从生产率增长率较低的产业向生产率增长率较高的产业流动带来了年均 –0.03% 的转移效应。由于第二阶段国家对于劳动力流动政策的放开，导致原先被限制流动的农村劳动力开始离开农村，大规模地涌向城市的第二、三产业就业。但是，城市的各项公共服务政策及设施并不能承担接纳大量流入农村劳动力的重任，由此对流入地的正常运转造成了较大的负面效应。为了减少这种负面效应的影响，国家相关部门紧急调整了劳动力流动的相关政策，依次颁布了《关于严格控制农民工外出的紧急通知》《关于进一步做好控制民工盲目外流的通知》《关于做好劳动就业工作的通知》《关于进一步加强农村和农业工作的决定》等一系列文件，控制劳动力的盲目流动。在国家政策的指导下，劳动力的流动受到了严格控制，很大一部分农村劳动力出现了逆流，重新回到了农村从事第一产业的劳作。因此，这一阶段的劳动力转移的结构效应为负值，年均结构效应为 –0.24%。

　　第四阶段（1992—2000 年）平均每年的劳动力静态转移效应是 0.88%，动态转移效应是 0.08%。劳动力从生产率较低的产业向生产率较高的产业流动带来了年均 0.88% 的转移效应，而劳动力从生产率增长率较低的产业向生产率增长率较高的产业流动带来了年均 0.08% 的转移效应。一方面为了解决农村剩余劳动力的问题，另一方面又同时为了避免出现第二阶段中出现的农村劳动力大规模盲目流动的现象。第三阶段的劳动力流动政策由控制盲目流动转向了规范流动，即引导农村劳动力有序地向城市第二、三产业流动，具体政策有《关于印发"再就业工程"和"农村劳动力跨地区流动有序化"的通知》《关于颁布〈农村劳动力跨省流动就业的暂行规定〉的通知》《关于印发做好农村富余劳动力流动就业工作意见》《关于进一步做好组织民工有序流动工作意见的通知》等。在这些政策的指导下，劳动力的流动开始有序增加，由此带来了 0.96% 的年均结构转移效应，其值略高于第一阶段。

　　第五阶段（2001—2016 年）平均每年的劳动力静态转移效应是 0.30%，动态转移效应是 0.56%。劳动力从生产率较低的产业向生产率较高的产业流动带来了年均 0.30% 的转移效应，而劳动力从生产率增长率较低的产业向生产率增长率较高的产业流动带来了年均 0.56% 的转移效应。这一阶段国家的劳动力流动政策由引导农村剩余劳动力规范有序地向城市二、三产业流动逐步转向以强调公平流动为主，试图在城乡之间建立统一的劳动力市场。2001—2016 年国家有关机构陆续颁布了有利于农村剩余劳动力城乡转移的各项配套政策和制度，涉及进城务工的农村剩余劳动力的职业培训、就业环境、子女义务教育、社会保障等多个方面的内容。在国家政策的积极引导下，劳动力再次实现了大规模流动的高潮，由此带来了 0.86% 的年均结构效应。

由此可知，除了 1989—1991 年这一阶段劳动力的年均结构效应为负值以外，其余四个阶段的劳动力年均静态转移效应和动态转移效应均为正值，劳动力在不同产业间的转移确实会对总劳动生产率的提升起到积极作用，给经济发展带来结构红利。五个阶段年均结构效应由大到小的排序依次是 1984—1988 年、1992—2000 年、2001—2016 年、1978—1983 年、1989—1991 年。不同阶段劳动力流动所带来的结构效应的大小及正负与我国不同时期的劳动力流动政策紧密相关。

4.1.3　不同地区劳动力转移的经济增长效应

上文基于 shift-share 法分五个不同的阶段对我国的劳动生产率进行分解并对结构红利进行估算和分析。本部分则是基于 shift-share 法对全国 31 个省、市、自治区以及东、中、西部 2000—2016 年三次产业的内部增长效应、静态转移效应和动态转移效应进行了测算和分析，结果如表 4-2 所示。

研究可以发现，2000—2016 年全国各地区的静态转移效应中有两个省份的值为负数，即内蒙古和湖北，其静态转移效应分别为 -0.01 和 -0.09，其余省份的静态转移效应范围在 0~0.53 之间。动态转移效应为负值的省份相对较多，共有九个，其余省份的动态转移效应范围在 0~0.62 之间。

分东、中、西部来看，东部地区的静态转移效应和动态转移效应分别为 0.14 和 0.15，两者相差无几。西部地区的静态转移效应和动态转移效应则分别为 0.21 和 0.24，两者也十分接近。中部地区的静态转移效应和动态转移效应则分别为 0.11 和 -0.06，动态转移效应出现了负值。无论是单一

的静态转移效应、动态转移效应，还是汇总的结构效应，都呈现出西部地区最高、东部地区次之、中部地区最低的现象。这可能是因为自 2000 年以来随着国家对于西部发展战略的进一步推进和多项针对西部地区优惠政策的出台，西部地区吸引了部分外流的劳动力返乡，尤其是从邻近的中部地区回流至流出地。

表 4-2 各地区 2000—2016 年分阶段劳动生产率的各类增长效应均值（单位：%）

省（市、区）	内部增长效应			内部增长效应合计	结构效应		结构效应合计	总效应
	一产	二产	三产		静态转移	动态转移		
北京	0.03	0.55	0.65	1.22	0.11	−0.01	0.10	1.33
天津	0.16	0.45	0.32	0.93	0.12	−0.03	0.09	1.02
河北	0.43	0.22	0.63	1.28	0.19	0.16	0.34	1.62
山西	0.10	0.34	1.05	1.49	0.00	0.00	0.00	1.49
内蒙古	0.93	1.51	0.48	2.91	−0.01	−0.12	−0.13	2.78
辽宁	0.79	0.35	1.15	2.28	0.02	0.17	0.19	2.47
吉林	0.62	0.99	0.67	2.28	0.12	0.23	0.36	2.64
黑龙江	1.27	0.23	0.91	2.41	0.12	0.18	0.30	2.71
上海	0.12	1.29	2.17	3.58	0.08	0.50	0.58	4.16
江苏	1.04	0.90	1.28	3.22	0.20	0.35	0.55	3.77
浙江	0.84	0.52	1.17	2.53	0.18	0.08	0.26	2.79
安徽	1.18	0.18	0.36	1.71	0.12	−0.19	−0.07	1.64
福建	0.82	0.24	0.55	1.60	0.17	−0.07	0.10	1.70
江西	0.82	0.38	0.43	1.64	0.08	−0.04	0.04	1.68
山东	0.68	0.79	0.91	2.38	0.25	0.56	0.81	3.20
河南	1.08	0.08	0.28	1.43	0.22	−0.19	0.04	1.47
湖北	0.14	0.31	1.08	1.53	−0.09	−0.51	−0.60	0.93
湖南	0.82	0.74	0.29	1.84	0.30	0.05	0.35	2.19
广东	0.42	0.36	0.38	1.15	0.18	0.03	0.21	1.36
广西	1.03	0.50	0.33	1.87	0.15	0.18	0.33	2.20
海南	1.01	0.11	0.35	1.47	0.07	−0.10	−0.02	1.44
重庆	1.24	0.71	1.33	3.28	0.31	0.62	0.93	4.21
四川	1.17	0.63	1.09	2.89	0.15	0.37	0.51	3.41
贵州	0.63	0.27	1.04	1.94	0.19	0.43	0.61	2.55
云南	1.09	0.27	0.52	1.88	0.36	0.33	0.70	2.58
西藏	0.35	0.03	0.12	0.51	0.53	0.03	0.57	1.07
陕西	0.83	0.63	1.38	2.84	0.14	0.37	0.51	3.35
甘肃	0.41	0.40	0.99	1.80	0.04	0.22	0.26	2.05
青海	0.94	0.15	0.92	2.01	0.31	0.08	0.39	2.40
宁夏	0.40	1.13	0.74	2.27	0.17	0.31	0.47	2.75
新疆	0.57	0.05	0.54	1.16	0.13	0.12	0.25	1.41
东部	0.58	0.52	0.87	1.97	0.14	0.15	0.29	2.26
中部	0.75	0.41	0.63	1.79	0.11	−0.06	0.05	1.84
西部	0.80	0.52	0.79	2.11	0.21	0.24	0.45	2.56

4.2　劳动力转移驱动经济增长的作用机制再检验

4.2.1　引言

劳动力转移是大部分国家和地区工业化进程中都会遇到的问题。中国大规模的劳动力转移现象出现在改革开放之后，其间政府相关部门针对我国当时的具体经济环境对劳动力流动的政策做了动态的调整和优化。有证据显示，从 1978—2017 年，非农产业的劳动就业人数由最初的 11835 万人增加到了期末的 56696 万人[①]。作为生产过程中不可或缺的投入要素之一，劳动力的跨部门和跨地区转移势必会给一个国家或地区的经济增长带来影响。劳动力的转移使得劳动要素在不同部门和地区之间进行重新配置，劳动就业结构的改变带来了要素生产率的变化，从而对整个国家或地区的经济增长产生作用（钱纳里等，1989）。这也是对"结构红利"假说较为经典的阐释。

在此之后，学者们纷纷对劳动力转移与经济增长的问题从不同视角展开了研究。梳理现有文献可以发现，当前对于此问题的研究主要集中在以下几个方面：首先是从理论上探讨劳动力转移对经济增长带来的影响。毕先萍（2009）认为劳动力的非农转移不仅能够提高生产要素配置效率，而且还可以通过提升技术和经济的吻合度来实现经济增长。顾和军等（2015）则认为劳动力转移可以从劳动力供给的增加、居民消费的拉动以及劳动力人力资本的提升等多方面来促进经济增长。第二，劳动力转移与城乡收入分配差距的研究。关于劳动力转移是否能够缩小城乡收入差距，学界一直没有达成一致的看法。蔡昉和王美艳（2009）的研究从理论和实际两个方面均证明了劳动力流动对城乡收入差距起到的缩小作用。万晓萌（2016）的研究更进一步，证明了劳动力转移对区内和周围区间的城乡收入差距均有缩小作用。刘莉君（2016）探讨了劳动力转移与城乡收入差距的相互关系，一方面验证了上述学者有关劳动力转移缩小城乡差距的观点，另一方面也

---

① 数据来源：2018 年《中国人口和就业统计年鉴》。

证明了城乡收入差距对劳动力转移的反向影响。而蔡武等（2013）的研究则发现劳动力流动对城乡收入差距的作用呈现 U 形轨迹，当前的劳动力流动会加剧城乡收入差距。第三，现有的更多的是劳动力转移带来的经济增长贡献研究。由于不同学者测算结构红利采用的方法以及数据来源存在着差异，导致学者们对劳动力转移实现经济增长的贡献程度大小不一。如张平和郭熙保（2011）的研究结论是由边际劳动生产率提升得到的结构红利为 10% 左右。王鹏和尤济红（2015）的实证结果则显示改革开放至 2013年由劳动要素所实现的经济增长效应超过了 15.61%。尹秀芳（2016）的研究发现 1978—2013 年劳动力转移带来的经济增长效应大部分年份为正值，且随年份呈现出不断波动的特征。由此看来，虽然对于劳动力转移带来经济增长贡献程度大小的结论未能相同，但学者们一致认为劳动力转移的确会对经济增长产生影响。

对劳动力转移与经济增长的相关文献梳理后可以发现，当前学者们的研究更多的是关注劳动力转移所实现的经济增长贡献的测算。对于劳动力转移影响经济增长的机理，则主要是通过理论上的分析展开讨论，而且单一探讨劳动力转移对经济增长作用机制的文献并不多。鉴于此，本书拟以华东地区 6 省 1 市为例，试图通过对全要素生产率、劳动力转移和非农部门资本产出比等相关指标的测算，用实证分析的方法考察劳动力转移与经济增长之间的关系，一方面探析劳动力转移对经济增长的直接作用机制，另一方面探索劳动力转移对经济增长是否还存在间接作用机制，即劳动力转移是否还可以通过中介变量来影响经济增长，从而实现劳动力驱动经济增长作用机制再检验。

4.2.2　全要素生产率的测算

作为衡量经济增长的指标，全要素生产率的测定是本书的重中之重。全要素生产率的测度方法很多，早期主要以索洛残差法为主。随着对全要素生产率研究的进一步发展，当前一部分文献采用了对偶法（徐现祥、舒元，2009；蔡晓陈，2012）、元回归分析（应瑞瑶、潘丹，2012）、超越对数生产函数模型（牛泽东等，2012；张乐、曹静，2013）对各行业不同时期的全要素生产率进行估算。另一部分文献则是基于非参的各类方法来估算全要素生产率，如 Luenberger 指数模型（柯孔林、冯宗宪，2008）、Färe-Primont 生产率指数（郭萍等，2013）、数据包络分析法（肖林兴，2013；朱满德等，2015）。无论是索洛残差法，还是超越对数生产函数模型，都需要设定特定的生产函数形式才能进行全要素生产率的核算，而生产函数形式的不同会影响到全要素生产率测算结果的差异。数据包络分析法则以线性规划为基础，不需要在研究中设定特定的生产函数，而是把研究对象视为一个个独立的决策单元进行分析。通过这种方法估算所得的全要素生产率更加稳定可靠，出现偏误的概率也大大降低。鉴于此，本书基于非参的 DEA-Malmquist 分析方法估算全要素生产率。

由于 Rolf Färe etc.（1994）对于 DEA-Malmquist 指数分析方法的提出和应用得到了较为广泛的认同，本书借鉴其方法来估算全要素生产率。假设在时间点 t 对应的技术水平上，以产出为衡量标准的第 t 期和 $t+1$ 期的距离函数分别为式（4.3）和（4.4）：

$$L_0^t\left(m^t,\ n^t\right) \tag{4.3}$$

$$L_0^t\left(m^{t+1},\ n^{t+1}\right) \tag{4.4}$$

式中，m 代表投入，n 代表产出。在时间点 t 和时间点 $t+1$ 所对应的不同技术水平上，用 I_0^t 和 I_0^{t+1} 分别表示以产出为衡量标准的 Malmquist 生产效率指数，如式（4.5）和（4.6）所示。

$$I_0^t=\frac{L_0^t\left(m^{t+1},\ n^{t+1}\right)}{L_0^t\left(m^t,\ n^t\right)} \tag{4.5}$$

$$I_0^{t+1}=\frac{L_0^{t+1}\left(m^{t+1},\ n^{t+1}\right)}{L_0^{t+1}\left(m^t,\ n^t\right)} \tag{4.6}$$

为了使得 Malmquist 效率指数估算的结果更加正确，Rolf Färe etc.（1994）综合考虑了式（4.5）和（4.6），把测度由 t 期至 $t+1$ 期效率变化的 Malmquist 指数定义为式（4.7）。

$$I_0\left(m^{t+1},\ n^{t+1},\ m^t,\ n^t\right)=\left[\left(\frac{L_0^t\left(m^{t+1},\ n^{t+1}\right)}{L_0^t\left(m^t,\ n^t\right)}\right)\left(\frac{L_0^{t+1}\left(m^{t+1},\ n^{t+1}\right)}{L_0^{t+1}\left(m^t,\ n^t\right)}\right)\right]^{\frac{1}{2}}$$

$$=\frac{L_0^{t+1}\left(m^{t+1},\ n^{t+1}\right)}{L_0^{t+1}\left(m^t,\ n^t\right)}\times\left[\left(\frac{L_0^t\left(m^{t+1},\ n^{t+1}\right)}{L_0^{t+1}\left(m^{t+1},\ n^{t+1}\right)}\right)\right.$$

$$\left.\left(\frac{L_0^t\left(m^t,\ n^t\right)}{L_0^{t+1}\left(m^t,\ n^t\right)}\right)\right]^{\frac{1}{2}} \tag{4.7}$$

由此可知，只要计算出不同技术水平不同时期所对应的距离函数，即实际产出与理想前沿面之间的差距，便可获得以 DEA-Malmquist 为依据的全要素生产率及其分解项的变化情况。根据模型原理，本书把华东地区包含上海、江苏、浙江、安徽、福建、江西、山东在内的 6 省 1 市作为一个个独立的决策单元，采用 DPIN3.0 软件估算 2000—2016 年这些省市的 Malmquist 指数，用以作为经济增长的指标，探讨全要素生产率与劳动力转移及其他投入要素之间的长期关系。

根据 Rolf Färe etc.（1994）提出的测算 DEA-Malmquist 指数的模型特征，测算过程中需要产出、劳动和资本等投入要素的历年宏观数据。本书把 6 省 1 市历年的名义国内生产总值用 GDP 指数进行平减处理，转换成以 2000 年为基期的实际国内生产总值，并以此作为产出值。把各个省市历年的名义劳动者报酬用的居民消费价格指数进行平减，转换成以 2000 年为基期的实际劳动报酬。作为资本投入要素的资本存量估算方法与尹秀芳（2016）的方法一致。上述数据的来源包括历年《中国统计年鉴》及各省份的统计年鉴、《中国固定资产投资年鉴》。2000—2016 年华东地区 6 省 1 市全要素生产率的测算结果如表 4-3 所示。

表 4-3　华东地区 6 省 1 市 2000—2016 年 Malmquist 指数

年份	上海	江苏	浙江	安徽	福建	江西	山东
2000—2001	1.0473	0.9461	1.0620	0.9463	0.9544	0.8832	0.9436
2001—2002	1.0505	0.9400	1.0852	0.9366	0.9543	0.8871	0.9346
2002—2003	1.0632	1.0648	1.0728	0.9386	0.9552	0.8934	1.0677
2003—2004	1.0590	1.0479	1.0486	0.9357	0.9501	0.9062	1.0533
2004—2005	1.0245	1.0355	1.0437	0.9176	0.9059	0.9118	1.0422

续表

年份	上海	江苏	浙江	安徽	福建	江西	山东
2005—2006	1.0503	1.0556	1.0617	0.9500	0.9599	0.9334	1.0525
2006—2007	1.0483	1.0367	1.0522	0.9646	0.9543	0.9335	1.0208
2007—2008	1.0080	1.0017	1.0222	0.9576	0.9340	0.9536	0.9823
2008—2009	1.0273	0.9684	0.9768	0.9572	0.9358	0.9591	0.9598
2009—2010	1.0392	0.9680	0.9964	0.9689	0.9698	0.9813	0.9631
2010—2011	1.0159	0.9639	0.9812	0.9644	0.9582	0.9754	0.9954
2011—2012	1.0132	0.9673	0.9802	0.9615	0.9587	0.9769	0.9785
2012—2013	1.0076	0.9806	0.9815	0.9559	0.9603	0.9812	1.0724
2013—2014	1.0043	1.0495	0.9856	0.9563	1.0540	0.9974	1.0659
2014—2015	0.9895	1.0400	0.9879	0.9655	1.0296	0.9822	1.0624
2015—2016	0.9835	1.0286	0.9917	1.0179	1.0611	0.9848	1.0603
2000—2016	1.0270	1.0059	1.0206	0.9559	0.9685	0.9463	1.0159

由表4-3可知，华东地区6省1市的全要素生产率2000—2016年平均增速存在较大的差异。上海、江苏、浙江、山东4省的TFP（全要素生产率）平均增速处于提升状态，而安徽、福建、江西3省的TFP平均增速则处于有所下降的状态。其中，上海市2000—2016年TFP的平均增速为2.7%，位于华东地区之首。其他三个TFP平均增速提升的省份排序依次是浙江（2.06%）、山东（1.59%）、江苏（0.59%）。在TFP平均增速下降的三个省份中，下降速度最快的是江西（−5.37%），其次是安徽（−4.41%），降速最慢的是福建（−3.15%）。从时序变化上来看，各省市在研究期间内TFP增速呈现出不同程度的波动。较为明显的是上海近两年的TFP增速出现了下降的趋势，而安徽和福建则出现了上升的态势。综合前文的文献回顾和理论分析，本书认为造成华东地区各个省市全要素生产率增速不同变化的一种可能原因是其受到了如劳动力转移带来的结构优化、资本深化等多种因素的不同影响。下面就本书所关注的劳动力转移与经济增长之间的关系展开实证分析。

4.2.3 模型构建及数据说明

4.2.3.1 模型与方法

资本和劳动是生产过程中两大不可或缺的要素。为了更好地探索劳动

力转移对经济增长的直接作用机制和间接影响机制，本书采用 PVAR 模型研究劳动力转移、资本深化与全要素生产率之间的关系。PVAR 模型是在 VAR 模型基础上的一种拓展，不仅保持了 VAR 模型的一些优势，如将所有变量视为内生变量，而且还可以用于对多变量的面板数据进行分析，而 VAR 模型则一般用于对时间序列数据的分析。此外，VAR 模型在分析时对数据的时间长度有较为严格的要求，而 PVAR 模型对于这一项的要求则相对宽松。鉴于此，PVAR 模型更合适本书的研究。本书用于估计的 PVAR 模型如式（4.8）所示。

$$y_{it}=\beta_0+\sum_{j=1}^{n}\beta_j y_{i,t-j}+\alpha_i+\gamma_t+\varepsilon_{it} \tag{4.8}$$

式中，i 代表华东地区 6 省 1 市；t 代表研究期间内的不同年份；y_{it} 中则包含了三个内生变量，分别是全要素生产率（tfp）、劳动力转移率（trl）和资本产出比（k）。在等式的右边，β_0 为方程的常数项；ε_{it} 为随机扰动项；$y_{i,t-j}$ 代表 y_{it} 滞后 j 阶，其中，n 为最大滞后期；β_j 为三个变量滞后期所对应的系数矩阵；α_i 代表的是变量的个体效应，表征华东地区 6 省 1 市在区域上的差异；γ_t 代表的是变量的时间效应，反映随时间变化所带来的不同冲击。

4.2.3.2 数据来源及说明

（1）劳动力转移率（trl）。对于劳动力转移的衡量方式，学者们根据研究需要采取了多种不同的指标。从总体上看，可以分为绝对指标和相对指标两大类。第一类绝对指标主要是测算劳动力转移的绝对数量，并把估算值用于模型中，具体又可以分为以下几种：一是直接用进入非农部门工作的农村劳动力或者外出务工人数表征劳动力转移规模（李勇刚，2016；于开红，2016）。这一衡量方式既考虑了在农村从事非农工作的转移劳动力，又涵盖了到城市从事非农工作的转移劳动力。二是用转移到农村非农部门工作的农村劳动力来衡量，即测算"离土不离乡"的劳动力数量（姚志春等，2016；田玲，2016）。与前面的衡量方式相比，这种测算方法估算的转移劳动力数量没有包括到城市从事非农工作的农村劳动力，即剔除了"离土又离乡"的这一部分转移劳动力。第二类相对指标则是测算劳动力的转移率或者比重,具体又可以分为两种情况:一是根据户口性质进行区分,用常住人口占比减去户籍人口占比来表征劳动力转移的程度(刘莉君,2016);二是不考虑户口性质的区别,直接用农村就业人口与第一产业就业人口的差值占农村就业人口的占比代表劳动力的转移程度(魏颖,2016)。通过上述分析可以发现,第一类绝对指标的测算方法估算所得的历年转移劳动力数量往往过于庞大,在模型的实际估算过程中不便计算。第二类相对指标的测算方法在数据的处理上相对便捷。本书借鉴魏颖(2016)的思路计算劳动力转移率(*trl*),用以表征劳动力转移的程度。该指标计算的主要数据来源包括历年《中国人口统计年鉴》《中国人口和就业统计年鉴》《中国统计年鉴》及华东地区 6 省 1 市的统计年鉴等。

(2)非农部门资本产出比(*k*)。由于劳动力的转移会影响农业部门和非农部门之间的劳动力资源分布,而资本是影响经济增长的另一重要因素,因此本书在模型中加入了非农部门的资本深化程度作为衡量资本因素的变量,探讨非农部门的资本深化程度与全要素生产率之间的关系并探索是否存在间接作用机制,劳动力转移是否可以通过影响非农部门的资本深化程度来影响整个社会的经济增长。此处用资本产出比指标作为资本深化程度的表征。非农部门的资本存量数据用第二、三产业的资本存量数据表示,计算方法与前文提到的计算方法相同,也可参见尹秀芳(2016)的研究。非农部门的产出指标用第二、三产业的国内生产总值表示,并以 2000年为基期进行价格平减处理。

4.2.4 实证分析及解释

根据前文选取的指标,本书用 *tfp* 代表全要素生产率、*atr* 代表劳动力转移率、*k* 代表非农部门的资本产出比,并利用华东地区 6 省 1 市的数据在 2000—2016 年这一研究期间内分析三者之间的长期关系及相互影响方式,探索劳动力转移驱动经济增长的直接和间接作用机制。

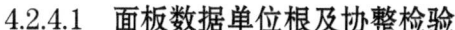

4.2.4.1 面板数据单位根及协整检验

根据面板数据的特点及 PVAR 模型的要求，在实证分析之前首先对变量进行平稳性检验，这样能够避免伪回归的出现，提高实证结果的可靠性。由于采取单一的检验方法可能会导致一定的偏误，出于稳健性的考虑，由于采取单一的检验方法可能会导致一定的偏误，出于稳健性的考虑，本文同时采用了 LLC、Breitung、IPS、ADF、PP 五种检验方法，其中，LLC 检验法全称是 Levin–Lin–Chu 检验，是 Levin et al.（2002）在 Levin 和 Lin（1993）的基础上对面板数据的单位根检验做的修正方法。Breitung 检验法与 LLC 法较为类似，适用于相同根的情形。IPS 检验即 IM–Pesaran–Shin 检验，它消除了 LL 检验的缺陷，适用于不同根的检验。ADF 检验全称为 Augmented Dickey–Fuller 检验法，又称之为增广 DF 检验，由 Dickey 和 Fuller 在 1979 年提出。PP 检验全称为 Phillips & Perron 检验，基于扰动项存在序列相关性的问题而提出。检验结果见表 4–4。

从表 4–4 的数据中可以发现，tfp、trl 和 k 三个变量原序列的水平值在 10% 的显著性水平上均不能拒绝原假设，即这三个变量的水平值是不平稳的。对三者进行一阶差分后再检验则发现，$dtfp$ 和 dk 均在 1% 的显著性水平上拒绝了原假设，$dtrl$ 的 IPS 和 ADF 检验在 10% 的统计水平上显著，其余三种检验结果则在 1% 的统计水平上显著。总体来看，三变量的一阶差分序列都是平稳序列。

表 4–4　各变量的单位根检验结果

变量	LLC	Breitung	IPS	ADF	PP	结果
tfp	−0.7290	−0.8640	−0.5318	20.6520	18.9586	不平稳
trl	−5.9018	−0.0273	−2.2464	24.8819	10.4827	不平稳
k	−2.9604	−0.2717	−0.9206	18.6865	10.7924	不平稳
$dtfp$	−6.19983***	−2.97465***	−5.36681***	50.1220***	79.6321***	平稳
$dtrl$	−2.38149***	−2.91057***	−1.38410*	21.1831*	34.2348***	平稳
dk	−7.12379***	−4.96008***	−5.06127***	47.7641***	47.7288***	平稳

注：变量名前加 d 表示的是原变量的一阶差分值，* 表示的是在 10% 的显著性水平上拒绝原假设，** 表示的是在 5% 的显著性水平上拒绝原假设，*** 表示的是在 1% 的显著性水平上拒绝原假设。

上文已验证全要素生产率、劳动力转移率、非农部门资本产出比三个变量经一阶差分后为平稳序列，因此可以通过协整检验的方法来判断各个变量之间长期关系。为了提高结果的稳定性，本文采用了 Pedroni 和 Kao 两种检验方法并进行比较。其中，Pedroni 检验以 Engle and Granger 二步法检验为基础，构建 Panel v、Panel rho、Panel PP、Panel ADF 四个组内统计指标和 Group rho、Group PP、Group ADF 三个组间统计指标进行检验和判断。Kao 检验则以 Kao(1999)提出的 ADF 统计指标进行检验。检验结果见表4-5。

由表 4-5 可知，Pedroni 检验中 Panel v-statistic、Panel rho-statistic 和 Group rho-statistic 均不显著，而 Panel PP-statistic、Panel ADF-statistic、Group PP-statistic 和 Group ADF-statistic 均显著，其中前三项在 1% 的统计水平上显著，最后一项在 5% 的统计水平上显著。根据 Pedroni 的蒙特卡洛模拟研究结果（Pedroni，1999），对于小样本数据而言，Panel ADF-statistic 和 Group ADF-statistic 的检验结果比其他统计量更具有说服力。因此，可以判定本书的三个变量之间存在着长期稳定的协整关系。Kao 检验的结果显示 ADF 统计量在 1% 的水平上显著，进一步证实了三个变量之间协整关系的稳定性。

表4-5　三个变量的 Pedroni 检验和 Kao 检验结果

检验方法	统计指标	统计量	P 值
Pedroni（组内）	Panel v	−1.0645	0.8565
	Panel rho	0.6095	0.7289
	Panel PP	−2.9637	0.0015
	Panel ADF	−2.3545	0.0093
Pedroni（组间）	Group rho	1.6940	0.9549
	Group PP	−2.4512	0.0071
	Group ADF	−1.7537	0.0397
Kao	ADF	−3.1912	0.0007

4.2.4.2　PVAR 模型估计与分析

（1）PVAR 模型滞后期选择

在进行 PVAR 模型估计之前，首先需要确定模型的滞后阶数，一般根据 Hansen's J、MBIC、MAIC 和 MQIC 等判断准则选择滞后期。Hansen's

J 检验即为过度识别检验，由 Hansen（1982）构建 J 统计量进行检验和判定。MBIC、MAIC 和 MQIC 准则分别指 MMSC–Bayesian 信息准则、MMSC–Akaike 信息准则和 MMSC–Hannan and Quinn 信息准则。不同滞后期上述统计量的测算结果如表 4-6 所示。根据统计量值最小化的判断原则，本书选择一阶滞后期进行 PVAR 模型的估计。

表 4-6　PVAR 模型滞后期选择

lag	J pvalue	MBIC	MAIC	MQIC
1	0.1735	−85.9442	−22.6614	−47.9740
2	0.1780	−54.8537	−12.6652	−29.5402
3	0.2575	−26.3283	−5.2340	−13.6716

（2）格兰杰因果关系分析

上文证实了三变量之间的长期稳定关系。考虑到研究的需要，本书进一步对变量进行格兰杰因果关系检验，以验证劳动力转移率、非农部门资本产出比和全要素生产率之间的关系。检验结果如表 4-7 所示。由表 4-7 可知劳动力转移率（trl）是非农部门资本产出比（k）和全要素生产率（tfp）的格兰杰原因，反过来则均不成立。同时，非农部门资本产出比（k）和全要素生产率（tfp）互为格兰杰原因。也就是说，劳动转移率是导致非农部门资本产出比和全要素生产率变化的格兰杰原因，非农部门资本产出比的变化也会引起全要素生产率变化，全要素生产率的变化反过来也会导致非农部门资本产出比的变化。由此看来，利用华东地区 6 省 1 市的数据证实了劳动力转移既可以通过直接作用对全要素生产率产生影响，也可以通过非农部门资本产出比这一中介变量对全要素生产率产生间接影响。

表 4-7　变量间格兰杰因果关系检验

零假设	F 值	P 值	结论
trl 不是 tfp 的格兰杰原因	23.713	0.000	拒绝
k 不是 tfp 的格兰杰原因	3.480	0.062	拒绝
tfp 不是 trl 的格兰杰原因	0.464	0.496	接受
k 不是 trl 的格兰杰原因	0.033	0.857	接受
tfp 不是 k 的格兰杰原因	8.784	0.003	拒绝
trl 不是 k 的格兰杰原因	2.264	0.032	拒绝

（3）模型估计结果分析

由于格兰杰因果关系检验只对变量间的是否互为因果的关系进行了检验，并没有阐明不同变量之间的影响方向和系数，因此本书建立 PVAR 模型进行测算。估算过程中采用前向均值差分法消除模型中的固定效应，并把滞后变量作为工具变量，采用广义矩估计 GMM 法估计各变量间的影响系数。结果如表 4-8 所示。

由表 4-8 的可知，上一期的劳动力转移率对本期的全要素生产率产生了显著的正向影响，影响系数为 0.1067；非农部门资本产出比则对本期的全要素生产率产生了显著的负向影响，影响系数为 -0.1784。也就是说，上一期的劳动力转移率的增长和非农部门资本产出比的降低均能促进本期全要素生产率的增长。上一期的劳动力转移率对本期非农部门资本产出比产生了显著的负向影响，影响系数为 -0.2178。这意味着上一期劳动力转移率的增长会降低本期非农部门资本产出比，进而促进本期全要素生产率的增长。由此可见，劳动力转移的增加既可以直接驱动经济增长，又可以通过降低非农部门的资本产出比间接促进经济增长。这可能是因为劳动力一方面可以通过流动改善就业结构驱动经济增长，另一方面还可以通过在非农岗位上"干中学"提升人力资本，促进技术进步和非农部门资本深化来实现经济增长。

表 4-8　PVAR 模型估计结果

指标	tfp		trl		k	
	系数	P 值	系数	P 值	系数	P 值
L.tfp	0.2478*	0.096	−0.0283	0.496	−0.4098***	0.003
L.trl	0.1067***	0.000	0.8109***	0.000	−0.2178**	0.032
L.k	−0.1784*	0.062	−0.0011	0.857	0.9274***	0.000

注：* 表示在 10% 统计水平下显著，** 表示在 5% 统计水平下显著，*** 表示在 1% 统计水平下显著。

（4）脉冲响应分析

为了进一步探讨劳动力转移、非农部门资本产出比和全要素生产率之间的动态作用机制，本书对三个变量的脉冲响应进行分析。脉冲响应结果如图 4-2 所示。由图 4-2 可知，劳动力转移率一个标准差大小的冲击会导致全要素生产率产生正向的持续响应，在第 2 期的时候达到最大值，随后这种影响逐渐下降，但持续时间相对较长。这验证了劳动力转移对经济增长有正向的推动作用，并且这种影响在较长的一段时间内存在。劳动力转移率一个标准差大小的冲击会带给非农部门的资本产出比负向的响应，这种响应在第 4 期的时候达到最大，随之逐渐减弱，但在较长时间内存在。这说明劳动力转移对非农部门资本产出比的负向影响是持续的。同时，非农部门的资本产出比一个标准差大小的冲击会使全要素生产率产生负向响应，在第 2 期时影响最大。因而，劳动力转移率的冲击会通过非农部门资本产出比的负向响应，进而使全要素生产率产生正向响应，由此进一步验证了劳动力转移对经济增长的间接作用机制，即通过降低非农部门资本产出比驱动经济增长。

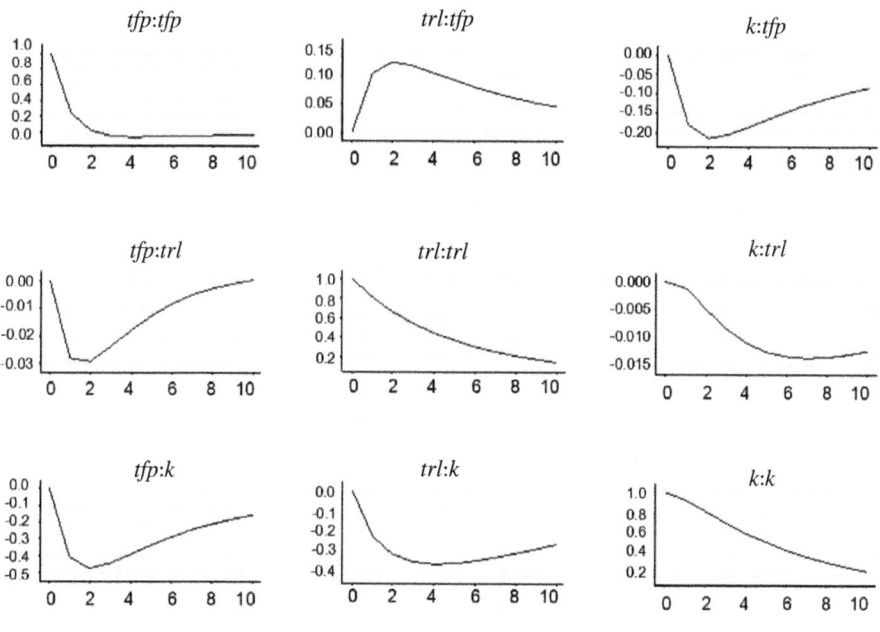

图 4-2　变量间的脉冲响应图

4.2.5 结论与政策建议

4.2.5.1 研究结论

为了对劳动力转移驱动经济增长的作用机制进行再检验,本书首先通过 DEA-Malmquist 指数法并采用 DPIN3.0 软件估算了代表经济增长的全要素生产率。其次,构建面板数据 PVAR 模型并对劳动力转移率、非农部门资本深化程度等相关指标的测算进行说明。在此基础上,完成对变量的单位根检验和协整检验。再次,通过面板数据的格兰杰因果关系检验、PVAR 模型 GMM 估计、脉冲响应分析等方法探索劳动力转移、非农部门资本产出比和全要素生产率之间的关系,验证劳动力转移驱动经济增长的作用机制。主要结论有以下几点:

2000—2016 年上海市的 tfp 平均增速位于华东地区之首,各省市在研究期间内 tfp 增速呈现出不同程度的波动,浙江、山东、江苏三省平均增速实现提升,江西、安徽、福建三省平均增速有所下降。造成华东地区 6 省 1 市全要素生产率增速不同变化的一种可能原因是其受到了如劳动力转移带来的结构优化、资本深化等多种因素的不同影响。

从变量间的关系看,劳动力转移率、非农部门资本产出比和全要素生产率之间存在着长期的协整关系。劳动力转移同时是全要素生产率和非农部门资本深化程度的格兰杰原因,非农部门资本深化程度和全要素生产率之间是双向因果关系。

从模型估计结果看,上一期的劳动力转移率的增长和非农部门资本产出比的降低均能促进本期全要素生产率的增长。上一期的劳动力转移率对本期非农部门资本产出比产生了显著的负向影响,这意味着上一期劳动力转移率的增长会降低本期非农部门资本产出比,进而促进本期全要素生产率的增长。脉冲响应分析进一步对三者之间的关系进行了动态展现。由此可知,农村剩余劳动力可以通过劳动力转移在非农部门得到优化配置,劳动力转移促进经济增长的直接作用机制得以实现。同时,劳动力转移也会带来人力资本水平的提升和非农部门资本的深化,间接促进整个社会经济

的增长。劳动力转移对经济增长的重要性毋庸置疑，劳动力转移驱动经济增长的直接和间接作用机制通过实证数据得以验证。

4.2.5.2　政策建议

基于上述研究结论，本书提出以下几点建议，以期进一步提升地区经济增长水平。

首先，以新型城镇化建设为契机，继续稳步推进劳动力转移就业。2016 年底召开的中央经济工作会议强调了要进一步推进以人为核心的新型城镇化建设。党的十九大报告中进一步指出，要以城市群为主体构建大中小城市和小城镇协调发展的城镇格局，加快农业转移人口市民化。如前所述，劳动力转移既能直接促进经济增长，又能通过中介机制间接驱动全要素生产率的提升。因此，要抓住中央推进以人为核心新型城镇化建设的契机，在城市优化和完善基本公共服务建设，吸引更多的农村剩余劳动力转移到城市，为他们在城市安居乐业提供基本保障，有效推进农村转移劳动力的市民化进程。

其次，以产城融合为导向，通过促进劳动力的家庭化转移实现经济增长。产城融合意味着在新型城镇化的建设过程中积极推进产业结构的转型升级，培育支撑产业，实现产业发展和城镇化建设的同步推进。在这一过程中，城市就业结构得以优化，新兴产业对于劳动力的吸收能力得以增强。农村剩余劳动力不仅能够通过转移实现在城市就业，而且还能带动家人一起在城市生活。劳动力的家庭化转移既促进了当地产业发展，又能带动消费，有效驱动当地经济水平的提升。

再次，以劳动者人力资本提升为动力，通过资本深化和技术进步促进全要素生产率增长。教育、培训和"干中学"都是提升转移劳动力人力资本存量和水平的重要渠道。加强职业教育和岗位技能培训、优化"干中学"中的老带新制度均有利于提高劳动者的素质。由于人力资本具有特殊性，伴随着劳动者素质的提升，资本深化和技术进步得以实现，一个国家或地区的经济增长最终得以实现。

4.3 人力资本集聚、城镇化与产业结构升级互动关系研究

4.3.1 引言

据国家统计局公布的数据显示：2018 年中国城镇化率已增至 59.58%，未来较长一段时间内城镇化水平将会继续快速提升。随着城镇化进程的逐步推进，迁移到城市就业和生活的劳动力日益增多。城市散发出强大的"磁场效应"，引导着劳动力的流向并由此形成人力资本在不同地区的空间分布。劳动力向城市流动为人力资本的地区集聚创造了条件，人力资本集聚与城镇化进程密切相关，伴随着整个城镇化的进程。人力资本空间分布状态的改变和城镇化进程的加速不可避免地会对产业结构的区域分布产生影响。一方面，人力资本集聚和城镇化发展为地区产业发展制造了机会；另一方面，人力资本集聚和城镇化发展能否与产业结构优化升级相匹配并实现协调发展关乎整个经济的运行效率。在"产城融合"发展的背景下，探讨人力资本集聚、城镇化与产业结构升级三者之间的相互关系具有十分重要的意义。长三角城市群涵盖江浙沪皖三省一市，下辖南京、宁波、苏锡常、杭州、合肥等多个都市圈，是中国区域经济发展中速度较快、开放性较强的区域之一，吸引了中国大量人力资本的流入，其在中国城镇化发展和产业结构优化升级的大局中具有举足轻重的地位。本书以长三角城市群所辖南京、宁波、苏锡常、杭州、合肥 5 个都市圈的 16 个核心城市为例，探讨把人力资本集聚、城镇化和产业结构优化升级三者之间的相互关系。

4.3.2 人力资本集聚指标构建及测算

4.3.2.1 人力资本集聚指标的构建

朱平芳和徐大丰（2007）提出了人力资本估算模型用于测算不同城市的人力资本水平。由于该方法克服了各个城市不同受教育程度人数数据获取的困难，计算所获的人均人力资本水平又可以用于比较不同城市人力资本的集聚程度。本书借鉴此方法，假设技术中性，建立柯布－道格拉斯总

量生产函数，通过式（4.9）、（4.10）和（4.11）来估算长三角城市群 16 个核心城市 2000—2015 年的人均人力资本水平。

$$h=\left[\frac{w(t)}{w^*(1)}\right]^{\frac{1}{2\theta}} \tag{4.9}$$

$$w^*(1)=\theta \cdot k^{1-\theta} \tag{4.10}$$

$$\theta=\frac{w(t)\cdot L}{Y} \tag{4.11}$$

其中，h 为各城市的人均人力资本水平；$w(t)$ 为劳动者的工资水平；$w^*(1)$ 为单位人力资本的效率工资；k 为人均物质资本存量；θ 为劳动产出弹性；$(1-\theta)$ 为资本产出弹性；L 为各城市年末从业人员数；Y 为各城市历年的产出值。从式（4.9）、（4.10）和（4.11）可以发现，各城市人均人力资本水平的测算涉及劳动者工资水平、年末从业人员数、历年产出值和人均物质资本存量四个变量。前三个变量数据来源于《中国城市统计年鉴》、相关省份及城市的统计年鉴，人均物质资本存量参照尹秀芳（2016）的方法计算。

4.3.2.2　长三角城市群人力资本集聚测算结果

根据测算，不同地区人力资本水平见表 4-9。研究发现，自 2000 年以来长三角所辖五大都市圈的人力资本均值在不同程度上都得到了提升。2000—2015 年，合肥都市圈人均人力资本水平提升最快，年均增长率为 7.28%；第二是南京都市圈，年均增长率为 6.69%；第三是苏锡常都市圈，年均增长率为 6.35%；杭州和宁波都市圈的年均增长率排在第四和第五位，分别为 5.81% 和 4.70%。具体来看，研究期间内合肥都市圈的历年人力资本水平均值都要低于长三角城市群的平均水平。苏锡常、南京和杭州都市圈虽然 2000 年人力资本水平均值在五大都市圈中处于中等水平，但 2015 年这二大都市圈的人力资本水平均值分别位于前三位。相比之下，宁波都市圈的人力资本水平均值增长相对缓慢。因此，长三角城市群的人力资本主要集聚在南京、苏锡常和杭州都市圈，宁波都市圈居中，合肥都市圈人力资本集聚水平相对较低。

表4-9　长三角城市群历年人力资本水平均值

年份	南京都市圈	苏锡常都市圈	宁波都市圈	杭州都市圈	合肥都市圈	总平均
2000	124.17	128.15	140.38	129.06	109.50	126.25
2001	132.40	132.77	146.04	139.04	120.18	134.09
2002	137.53	141.28	151.78	149.74	127.35	141.54
2003	142.24	151.39	159.68	161.09	135.06	149.89
2004	151.49	158.14	165.27	164.87	144.04	156.76
2005	160.05	165.38	180.59	165.92	150.81	164.55
2006	168.23	175.82	181.97	173.63	156.87	171.30
2007	178.31	188.65	191.58	184.72	171.07	182.87
2008	185.34	194.28	192.59	189.78	180.73	188.54
2009	190.41	200.95	197.36	193.53	188.36	194.12
2010	207.59	210.60	204.48	195.31	201.32	203.86
2011	211.36	215.29	209.92	204.24	203.88	208.94
2012	216.20	226.67	217.86	209.90	212.86	216.70
2013	227.74	239.38	228.60	218.90	213.44	225.53
2014	237.53	236.94	238.36	230.18	225.08	233.62
2015	248.83	250.21	239.26	241.58	229.00	241.78

　　为了更好地了解长三角城市群的人力资本集聚程度，表4-10展示了2000年和2015年长三角城市群16个核心城市人力资本水平均值的不同情况。可以看出，2015年人力资本水平均值最高的三个城市依次是南京、杭州和无锡，分别为276.23、266.81和263.39。合肥作为中部省会城市，在2000年至2015年间吸引和培育了不少人力资本，其人力资本水平均值在16个核心城市中的排名由期初的第15位上升到了期末的第9位。即使如此，人力资本更倾向于向南京、杭州等东部省会城市集聚。

　　从五大都市圈内部来看，虽然2015年南京的人力资本水平均值在16个核心城市中位居首位，但是镇江和无锡的人力资本水平均值分别只有235.06和235.21，拉低了南京都市圈整体的人力资本水平。类似地，杭州都市圈中的绍兴、湖州和嘉兴2015年人力资本水平均值分别只有230.21、230.86、238.44，合肥都市圈中的芜湖和马鞍山2015年人力资本水平均值分别只有219.29和230.73，同样拉低了杭州和合肥都市圈整体人力资本水平。因此，都市圈内部存在着人力资本向省会城市集聚的倾向。但是，苏州、无锡和常州三大城市人力资本水平发展相对均衡，2000年分别为127.78、131.6和

125.08，2015 年则分别为 246.49、263.39 和 240.76，由 2000 年的第 7、6、8
位分别上升至 2015 年的第 6、3、7 位，同样吸引力不少人力资本集聚于这
三座城市。另外，台州人力资本水平均值由 2000 年的 141.88 上升至 2015 年
的 216.7，虽然其绝对值得到了提升，但排名由 2000 年的第 4 位下降到 2015
年的第 16 位。与其他城市相比，台州在人力资本集聚上并无明显优势可言。

表 4-10　长三角城市群城市 2000 年和 2015 年人力资本均值对比

城市	排序 （2000）	人力资本均值 （2000）	排序 （2015）	人力资本均值 （2015）	位次变化
南京	3	145	1	276.23	2
镇江	12	114.06	11	235.06	1
扬州	13	113.44	10	235.21	3
苏州	7	127.78	6	246.49	1
无锡	6	131.6	3	263.39	3
常州	8	125.08	7	240.76	1
宁波	1	154.78	4	254.45	−3
舟山	9	124.48	5	246.62	4
台州	4	141.88	16	216.7	−12
杭州	2	145.27	2	266.81	0
绍兴	10	121.99	14	230.21	−4
湖州	11	115.25	12	230.86	−1
嘉兴	5	133.73	8	238.44	−3
合肥	15	110.4	9	236.97	6
芜湖	16	106.18	15	219.29	1
马鞍山	14	111.92	13	230.73	1

4.3.3　PVAR 模型构建及实证分析

4.3.3.1　模型构建及数据说明

（1）模型构建

鉴于人力资本集聚、城镇化和产业结构优化升级三个变量之间的复杂
关系，本书构建如式（4.12）的 PVAR 模型展开实证分析。

$$y_{it} = \alpha_0 + \sum_{j=1}^{n} \alpha_j y_{i,t-j} + \chi_i + \eta_t + \mu_{it} \qquad （4.12）$$

式（4.12）中，y_{it} 指人力资本集聚、城镇化和产业结构优化升级，即
核心变量；i 指样本单元，即长三角城市群所辖的 16 个核心城市；t 指年份，

α_0 为常数项，j 为滞后阶数，n 为最大的滞后阶数；α_j 为变量 j 阶滞后相应的参数矩阵；χ_i 为固定效应向量，反映长江城市群各个城市在截面上的区域异质性；η_t 为变量随时间趋势所呈现的变化；μ_{it} 为误差项。

（2）变量与数据

① 城镇化。为了不遗漏在城市稳定就业但尚未进行户籍转换的劳动力，本书采用常住人口城镇化率 u 作为衡量城镇化的指标。

② 产业结构升级。与李学兰和王海元等研究者的做法一样，本书用产业结构指数来衡量产业结构升级。该指数以长三角城市群各城市历年三次产业增加值比重为依据构建，计算公式如式（4.13）所示。

$$i=\sum_{k=1}^{3} p_k \times k = p_1 \times 1 + p_2 \times 2 + p_3 \times 3 \qquad (4.13)$$

其中，i 为产业结构指数，p_k 为第 k 次产业的增加值比重。根据测算结果，产业结构指数越高则反映出该城市产业结构水平越高，产业结构升级越快。

城镇化和产业结构优化升级的原始数据均来源于长三角城市群各城市的统计公报。

4.3.3.2 单位根检验

PVAR 模型估计的前提是各变量的数据是平稳的，因此首先需要对人力资本集聚、城镇化水平和产业结构指数三个指标进行面板数据的单位根检验，以消除模型估计中的"伪回归"，提高估计结果的可靠性。出于稳健性考虑，本书同时采用 Levin-Lin-Chu、Harris-Tzavalis 和 Im-Pesaran-Shin 三种方法对模型中的数据进行检验，结果见表 4-11。可以发现，人力资本聚集均以 1% 的显著性水平通过检验，即不同检验方法都显示变量 h 不存在单位根。城镇化水平以 1% 的显著性水平通过前两种检验，同时以 5% 的显著性水平通过第三种检验。产业结构指数分别以 1% 和 5% 的显著性水平通过前两种检验，而 Im-Pesaran-Shin 检验则显示不显著。由于通过了两种检验，可以认为数据是平稳的。综上可知，三个变量均属于 $I(0)$ 平稳序列，满足模型对数据平稳性的要求。

表 4-11 面板数据单位根检验结果

变量	Levin-Lin-Chu	Harris-Tzavalis	Im-Pesaran-Shin
h	−3.4100***	−2.3685***	−4.5511***
	（0.0003）	（0.0089）	（0.0000）
u	−4.7707***	−3.7286***	−1.6589**
	（0.0000）	（0.0086）	（0.0486）
i	−4.9632***	−2.5290**	−0.5430
	（0.0000）	（0.0201）	（0.2936）

注：*** 表示变量在 1% 的统计水平上显著，** 表示变量在 5% 的统计水平上显著。

4.3.3.3 格兰杰因果关系检验

在格兰杰因果关系检验之前首先需要确定模型的滞后阶数，本书根据 J-pvalue、MBIC、MAIC 和 MQIC 的值进行判断，结果见表 4-12。一般认为，PVAR 模型最优滞后阶数取上述统计量的最小值。因此，选择滞后 1 期作为模型的最优滞后阶数。

表 4-12 滞后阶数判定

lag	J-pvalue	MBIC	MAIC	MQIC
1	0.0873	−102.1742	−18.5711	−51.2913
2	0.4836	−75.4890	−16.4203	−41.5671
3	0.5746	−38.9319	−10.3975	−21.9709

然后对人力资本集聚、城镇化与产业结构升级之间的关系进行格兰杰因果检验，结果见表 4-13。在滞后 1 年的条件下，格兰杰因果检验中的九个零假设均被拒绝，人力资本集聚、城镇化和产业结构升级之间存在着因果关系。

表 4-13 格兰杰因果关系检验

假设	滞后 1 年 F 检验值	滞后 1 年概率	结论
u 不是 h 的格兰杰原因	5.302	0.021	拒绝
i 不是 h 的格兰杰原因	31.150	0.000	拒绝
u、i 不是 h 的格兰杰原因	36.100	0.000	拒绝
h 不是 u 的格兰杰原因	26.872	0.000	拒绝
i 不是 u 的格兰杰原因	31.090	0.000	拒绝
h、i 不是 u 的格兰杰原因	38.553	0.000	拒绝
h 不是 i 的格兰杰原因	3.775	0.052	拒绝
u 不是 i 的格兰杰原因	1.446	0.013	拒绝
h、u 不是 i 的格兰杰原因	14.767	0.001	拒绝

4.3.3.4 PVAR 模型估计

为提高估计结果的准确性和可靠性，本书采用前向均值差分法去除固定效应带来的误差，滞后变量作为工具变量，使用Stata13.0软件采用GMM方法估计模型参数，结果见表4-14。

滞后一期的城镇化水平、产业结构升级及自身均能够对人力资本集聚产生正向作用，且其自身的正向作用相对较大；滞后一期的人力资本集聚、产业结构升级及自身能够促进城镇化水平的提高；滞后一期的其他两个变量及自身同样与产业结构升级形成正相关关系。

表 4-14 PVAR 模型 GMM 估计结果

变量	h_h		h_u		h_i	
	b_GMM	t_GMM	b_GMM	t_GMM	b_GMM	t_GMM
L.h_h	1.1384	11.9381	0.0362	3.2798	0.0004	2.4049
L.h_u	0.7656	2.2731	0.9752	11.9991	0.0006	0.9338
L.h_i	0.0002	0.6153	2.2937	1.6831	0.8184	21.3620

4.3.3.5 脉冲响应及方差分析

首先，由图4-3可知，人力资本集聚对其自身、城镇化水平和产业结构升级均能起到推动作用，这种推动作用呈现出先弱后强的态势。总体上看，人力资本集聚自身的响应程度相对较强，产业结构升级的响应程度相对较弱，而城镇化水平的响应程度则位于两者之间。城镇化水平能拉动人力资本集聚和产业结构升级，这种影响力同样表现出先弱后强的变化规律，但人力资本集聚对城镇化水平的响应程度相对要强。城镇化水平对其自身的响应程度则呈现出先增强后减弱的趋势。同时，产业结构升级也促进了人力资本集聚和城镇化水平的发展，但呈现出先上升后下降的趋势。

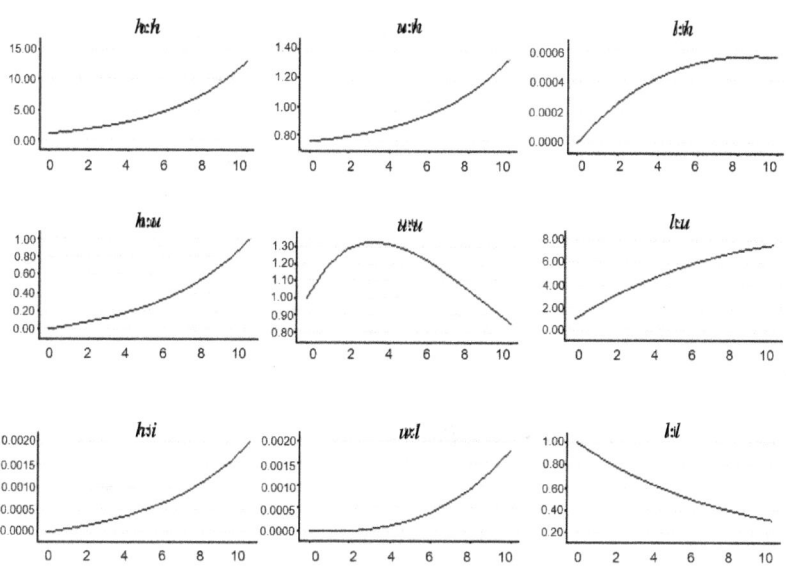

图 4-3　变量间的脉冲响应

　　其次，从对人力资本集聚的方差分解结果可以发现（见表 4-15），第 10 期中其自身、城镇化水平和产业结构升级的解释力分别为 41.40%、34.65% 和 23.95%；到了第 20 期，三者的解释力分别为 34.83%、37.79% 和 27.39%。与第 10 期相比，人力资本集聚自身的解释力略有下降，而城镇化水平和产业结构升级的解释力则略有上升。与第 20 期相比，三个变量第 30 期的解释力几乎相同。随着时间的推移，这些变量对人力资本集聚的影响力趋于稳定。从对城镇化水平的方差分解结果来看，在第 10 期，产业结构升级对其的解释力为 77.04%；在第 20 期，产业结构升级对其的解释力为 76.99%；在第 30 期，产业结构升级对其的解释力则为 76.97%。产业结构升级在城镇化水平的方差分解结果中起主导作用。从对产业结构升级的方差分解结果来看，第 10 期，产业结构升级对其自身的解释力为 58.43%；第 20 期，产业结构升级对其自身的解释力为 59.94%；第 30 期，产业结构升级对其自身的解释力为 59.97%。可见，产业结构升级的方差分解中其自身的解释力占主导地位。

表 4-15 PVAR 模型方差分解结果

	S	h	u	i
h	10	0.4140	0.3465	0.2395
u	10	0.1270	0.1025	0.7704
i	10	0.0037	0.4119	0.5843
h	20	0.3483	0.3779	0.2739
u	20	0.1128	0.1173	0.7699
i	20	0.0056	0.3949	0.5994
h	30	0.3461	0.3781	0.2758
u	30	0.1126	0.1177	0.7697
i	30	0.0059	0.3944	0.5997

4.3.3.6 长三角城市群区域特征比较

由表 4-16 可知，对于人力资本集聚而言，五大都市圈滞后一期的城镇化水平、产业结构升级及其自身均能够对其产生正向作用，南京、苏锡常和宁波三个都市圈滞后一期的城镇化水平对人力资本集聚的正向作用相对较大，而杭州和合肥两个都市圈其自身的正向作用相对较大。相反，五大都市圈滞后一期的人力资本集聚均能对其自身、城镇化水平及产业结构升级产生推动作用，且人力资本集聚对其自身的推动作用相对较大。

对于城镇化和产业结构升级之间的关系，五大都市圈却表现出明显的差异。对于产业结构升级而言，南京、苏锡常、宁波和杭州四大都市圈滞后一期的城镇化水平能够对其产生正向的拉动作用，而合肥都市圈滞后一期的城镇化水平则表现出对产业结构升级的负向影响。对于城镇化水平而言，南京、苏锡常、杭州和合肥四大都市圈滞后一期的产业结构升级能够对城镇化水平起到正向推动作用，而宁波都市圈滞后一期的产业结构升级对城镇化水平的影响则为负向。此外，五大都市圈产业结构升级对城镇化水平的影响明显要高于城镇化对产业结构升级的影响。从都市圈来看，南京、苏锡常和杭州都市圈城镇化与产业结构升级之间表现出良性互动，宁波都市圈产业结构升级表现出抑制城镇化水平的现象，合肥都市圈则表现出城镇化略微抑制产业结构升级的特征。宁波和合肥都市圈中出现城镇化与产业结构升级之间一方抑制另一方的现象可能是因为城镇化水平、产业结构升级及经济增长之间发展

速度不匹配造成的，这在已有的部分文献中也得到了印证。

表 4-16　五大都市圈 PVAR 模型 GMM 估计结果

地区	变量	h_h		h_u		h_i	
		b_GMM	t_GMM	b_GMM	t_GMM	b_GMM	t_GMM
南京都市圈	L.h_h	1.7971	4.9388	0.0335	1.7374	0.0008	2.6838
	L.h_u	3.9179	2.0928	1.0625	10.8955	0.0027	2.0287
	L.h_i	0.0149	0.3755	5.8978	2.2836	0.3063	0.8119
苏锡常都市圈	L.h_h	0.7861	3.4982	0.0153	1.0116	0.0004	3.4919
	L.h_u	7.2364	2.0021	0.8077	3.3759	0.0021	0.9317
	L.h_i	0.0951	0.8614	3.3217	1.7170	0.5789	6.6122
宁波都市圈	L.h_h	0.9755	6.1116	0.0022	0.1802	0.0001	1.2142
	L.h_u	7.3595	2.2400	0.6040	2.7063	0.0005	0.2312
	L.h_i	0.0825	0.7474	−1.1225	−0.1078	0.9247	6.0256
杭州都市圈	L.h_h	1.3075	9.0402	0.0321	2.5473	0.0005	3.8148
	L.h_u	0.5886	0.5624	0.8448	9.0656	0.0014	1.3977
	L.h_i	0.0725	0.8882	1.1592	3.2891	0.4540	5.5312
合肥都市圈	L.h_h	0.9957	4.1397	0.0029	0.1284	0.0004	0.8861
	L.h_u	0.4104	0.1968	0.9556	4.8787	−0.0031	−0.8644
	L.h_i	0.6688	0.6162	0.5321	0.2197	0.7385	2.3546

　　表 4-17 描述了五大都市圈城镇化与产业结构升级之间的脉冲响应结果。从产业结构升级对城镇化的响应看，南京、宁波和杭州都市圈均表现为正向响应，但三者的响应趋势并不相同。南京都市圈对于初期的冲击响应不断增大，随后逐渐减小并最终趋于平稳，宁波都市圈的响应趋势由减少逐渐趋于平稳，杭州都市圈对于冲击的响应则经历了由减小到增大的过程。合肥都市圈表现为负向响应，但这种负向响应在不断减小，反映出虽然当前合肥都市圈的城镇化水平不足以支撑产业结构升级，但是城镇化水平与产业结构升级之间的匹配性在不断加强。苏锡常都市圈产业结构升级对城镇的响应方向则经历了由负向正转变的过程，响应趋势经历由减小到增大的波动并最终趋于平稳。这在一定程度上说明了苏锡常都市圈前期产业结构升级与城镇化之间的发展速度并不匹配，城镇化的发展曾抑制过苏锡常都市圈的产业结构升级。随着两者发展协调性的增强，城镇化水平逐渐呈现出拉动产业结构升级的现象。

　　从城镇化对产业结构升级的响应看，苏锡常、杭州和合肥都市圈均表现为正向响应。其中苏锡常都市圈的响应趋势由减小变为增大，产业结构升级对城镇化的正向作用越来越大。杭州和合肥都市圈的正向响应则逐渐减小并最终趋于平稳。宁波都市圈表现出负向响应，这种负向响应先增大后减小并逐渐趋于平稳。这揭示出目前宁波都市圈产业结构升级并不能促进城镇化的发展，产业结构与城镇化之间存在着错位、失调的现象，但是这种现状在不断改善。南京都市圈则经历了由负向关系向正向响应的转变过程，响应趋势由减小变为增大。这说明了南京都市圈已经跨过产业结构升级与城镇化发展不匹配的阶段，当前产业结构升级对城镇化的推动作用日益增大。

表 4-17　五大都市圈城镇化与产业结构升级脉冲响应结果汇总

变量	地区	响应方向	响应趋势	累计响应
$u \rightarrow i$	南京都市圈	正向	增大—减小—平稳	0.0080
	苏锡常都市圈	负向—正向	减小—增大—平稳	0.0129
	宁波都市圈	正向	减小—平稳	0.0194
	杭州都市圈	正向	减小—增大	0.0058
	合肥都市圈	负向	减小	−0.0305
$i \rightarrow u$	南京都市圈	负向—正向	减小—增大	6.2937
	苏锡常都市圈	正向	减小—增大	5.5804
	宁波都市圈	负向	增大—减小—平稳	−1.6191
	杭州都市圈	正向	减小—平稳	1.2258
	合肥都市圈	正向	减小—平稳	0.6101

4.3.4　结论与政策建议

基于长三角城市群 16 个核心城市 2000—2015 年的数据，构建 PVAR 模型分析人力资本集聚、城镇化与产业结构升级之间的互动关系。结果显示：第一，长三角城市群的人力资本主要集聚在南京、苏锡常和杭州都市圈，合肥都市圈人力资本集聚水平相对较低。第二，格兰杰因果关系检验显示，人力资本集聚、城镇化与产业结构升级之间存在着双向因果关系。第三，整体来看，人力资本集聚、城镇化与产业结构升级之间存在着相互促进的正向作用。第四，从区域特征来看，合肥都市圈产业结构升级对城镇化的冲击响应和宁波都市圈城镇化对产业结构升级的冲击响应均为负向响应，反映出这两大都市圈城镇化与产业结构升级之间存在着错位和失调。苏锡常都市圈产业结构升级对城镇化的冲击响应和南京都市圈城镇化对产业结构升级的冲击响应都经历由负向响应向正向响应的变化过程，说明这两大都市圈都已跨越产业结构升级与城镇化发展不匹配的阶段，两变量之间的相互促进作用正在凸显。

本书研究结论对于新型城镇化进程的推进、地区产业结构的升级及区域经济增长都具有重要意义。在继续加大人力资本投资力度、鼓励创新的同时，充分发挥人力资本集聚与城镇化、人力资本集聚与产业结构升级的良性互动机制。以人力资本集聚为方式，通过区域人力资本水平的提升加快推动产业结构升级和城镇化进程。积极消除新型城镇化建设过程中流动劳动力在户籍、住房、基本公共卫生服务、随迁子女教育等诸多方面遇到的障碍，增强城市对于人力资本的吸引力，提升城镇化在人力资本集聚和产业结构升级中的推动作用。根据市场需求和区域优势，制定本地区的产业发展规划。政府相关部门要因地制宜，通过政策引导实现地区产业结构升级，并通过产业结构升级进一步吸引人力资本在当地的集聚。进一步完善产业结构升级与城镇化的互动机制，推进产城融合发展。用全局的视野综合考虑产业结构升级和城镇化发展问题，在制定产业结构升级思路的同时兼顾城镇化发展规划，在出台城镇化发展相关政策同时兼顾产业结构升级策略，促进产业结构升级与城镇化协调发展，避免出现部分地区由于产业结构升级与城镇化发展不匹配造成的相互抑制现象。总之，以上多种措施有助于长三角城市群各大都市圈从人力资本集聚、城镇化与产业结构升级之间的良性循环中受益，从而促进产城融合和区域协调发展，进一步提升长三角城市群整体经济发展水平，形成可借鉴推广的案例和经验，为全国其他地区产城融合发展和经济增长提供示范。

第5章 人口素质红利与经济增长差异

经济增长过程中人口素质红利的测算首先需要对我国的人力资本存量进行估算。本章首先从人力资本的内涵界定出发，介绍现有文献中人力资本存量的估算方法，并对 J-F 终生收入法进行了详细阐述。在此基础上，基于中国的具体实际对 J-F 终生收入法进行了调整，以适应人力资本存量估算的需要。文章利用调整后的 J-F 终生收入法对我国 1989—2011 年人力资本存量进行了估算，并结合退休年龄延长的讨论对不同的退休年龄规定下的人力资本存量分别进行测算和比较。同时，为了探讨经济增长过程中由劳动者素质所带来的人口红利，本章基于人力资本与劳动生产率及技术进步两个方面的关系从理论上分析人力资本对经济增长的影响，并通过建立超越对数生产函数模型，采用偏最小二乘回归法对素质红利效应进行测度，验证了人力资本能够通过劳动力要素影响到经济增长过程并由此产生人口素质红利。为了进一步了解经济增长过程中区域素质红利可能产生的差异，本章对全国三十一个省、市、自治区 2000 年至 2016 年间的平均受教育程度进行了测算和分析。虽然人口素质红利的产生有多种渠道，但是通过促进技术进步来收获人口红利的这一方式开始变得日益重要。

5.1 人力资本及其经济增长贡献

5.1.1 人力资本的内涵及解释

人力资本的概念最早来源于诺贝尔经济学奖获得者西奥多·W.舒尔茨（1960），他认为人力资源除了劳动力数量、实际劳动人口比重和劳动效率之外，还包含人身上所具有的无形知识与技术，体现出不同劳动者生产能力的差别。这就是人力资本，具体形成于正规教育、各类正式和非正式培训、健康保健和迁移等活动。对于人力资本的认识，OECD（1998）认为人力资本是知识、技能、能力以及集中于个体身上的与经济活动相关的属性。Folloni 和 Vittadini（2010）则把人力资本看作是一种复杂的、多层面的现象，具有多种不可直接观察和不能通过单一特征或者是一类特征来进行衡量的无形内容。Ferreira 和 Hamilton（2010）从宏观层面对人力资本进行了解释，他们通过数据分析发现人力资本是所有国家特别是高收入国家财富中无形资本的最重要组成部分。人力资本的另一代表性人物是美国经济学家加里·S.贝克尔（1964）。相对于舒尔茨提到的人力资本投资的几种形式，贝克尔更加重视通过正规学校教育以及在职培训形成的人力资本。他开创了从微观视角研究人力资本投资的先河，一方面考察了不同层次学校正规教育的收益率，另一方面建立了个人和家庭进行人力资本投资的均衡模型。在舒尔茨和贝克尔研究的基础之上，国际上已有诸多学者对人力资本及其一系列相关问题展开研究。

单独把教育作为人力资本代理指标研究不同问题的学者相对较多。宋光辉（2003）利用 1981—2000 年的数据分析了不同教育水平的人口对经济增长的贡献；刘海英和赵英才（2005）把不同个体所具有的受教育水平折算成具体年限，用于分析不同地区人力资本的差异；彭国华（2007）把受教育程度分成基础教育、中等教育和高等教育三类，分别研究三类不同水平的人力资本对全要素生产率的影响；与彭国华（2007）类似，朱晓东等（2014）研究了高等教育对不同地区经济增长所起的作用；Szulga（2014）

则用受教育年限作为人力资本的表征，建立动态模型分析女性劳动参与率与人力资本投资之间的关系。

也有学者单独考察健康人力资本对经济增长所起到的作用，如封岩和柴志宏（2006）。或者是把健康当作影响人力资本获取的一个重要因素，研究健康对人力资本积累的作用，如 Hokayem 和 Ziliak（2014）探索了健康对人力资本积累的影响机制。他们的研究发现健康状况的好坏会影响个体工作时间的长短，而个体工作时间的长短则会影响到工作中获得的技能的大小。因此，健康状况的变化会影响到人力资本的积累，进而影响未来劳动力的供给和收入。由此说明健康和人力资本是相辅相成的。更多的学者则认为现有很多研究忽略了健康也是一种人力资本，并在经济增长过程中起着举足轻重的作用。他们把健康和教育作为人力资本的两个组成部分，在研究中同时考察两者对经济增长的作用。如于东平和段万春（2011）同时把人力资本存量和人力资本投资分解成健康和教育两部分，纳入经济增长模型进行实证分析；顾海和孙嘉尉（2015）建立包含健康和教育两个维度人力资本的多个实证分析模型，并以此探讨经济增长过程中人力资本所体现的效应；徐祖辉和谭远发（2014）利用 VAR 模型不仅研究了经济增长过程中健康和教育两个方面人力资本所呈现的正效应，同时还把这两种人力资本作为作用对象，探讨了它们在经济增长过程中受到的影响；Silva 和 Sumarto（2015）利用 2002—2012 年的面板数据同时考察了作为人力资本的健康和教育两个维度对印度尼西亚地区的贫困和经济增长的影响，以了解健康人力资本和教育人力资本在加速经济增长和削减贫困方面的作用。

另一类文献是把教育和工作经验作为人力资本的两个维度。孙旭（2008）使用双变量法，分析具有不同受教育年限和工作年限的个体人力资本存量的差异。Leung、Stampini 和 Vencatachellum（2014）把受教育年限和工作经验作为人力资本的代理指标，研究发现人力资本完全可能抵消经济萧条时期的就业岗位减少带来的消极影响，因此在经济衰退时期十分有必要对技能低下的劳动者进行人力资本投资。Kedmenec、Šebjan 和 Tominc（2015）认为知识可以通过如中等教育和大学教育这样的正规教育来获得，也可以通过成人教育这样的非正规教育获取，还可以以工作经验增加的非教育形式得到增加。他们在研究中以受教育水平和先前所具有的工作经验作为衡量人力资本水平的标准。王萍（2015）认为随着年龄的增长可以带来工作经验的增加，建立包含年龄和教育两类因素的 MRW 模型，探讨由此引起的人力资本存量的变化对经济增长的影响。

部分学者感兴趣的则是迁移作为一种人力资本对增加总体人力资本存量的作用。Contreras（2013）建立一般均衡的世代交叠模型研究迁移对于人力资本的影响。研究结果显示，迁移并汇款给非迁移的贫困家庭成员，会对非迁移家庭成员的人力资本积累产生正向影响。而迁移对教育人力资本的影响不同研究者的观点并不一致。Shimada（2013）的分析结果显示，迁移经历并不会增加人们对于教育的需求，因为接受教育需要支付金钱成本，大量教育需求的增加会提升教育的价格并降低教育回报率。而Acharya 和 Gonzalez（2014）的研究则认为迁移经历有助于自身受教育程度较低的父母对教育的价值和回报做出更为准确的评价。

当前，越来越多的学者把舒尔茨对于人力资本包含正规教育、非正规教育及各类培训、健康保健、迁移等诸多维度的内容综合在一起进行相关问题的研究。闫淑敏和段兴民（2001）在测算西部各省份宏观人力资本总量时用正规教育、在职培训、研发和健康四个维度进行综合计量。与此类似，陈真真（2008）在衡量上海市的人力资本存量时把其界定为由教育、技术和健康三个方面加总构成。石智雷和杨云彦（2009）用包含教育、培训、年龄、迁移等因素的人力资本指标考察了其对青年女性劳动力参与程度的影响。李德煌和夏恩君（2013）认为无论是用何种指标衡量人力资本，单一地从人力资本的其中一个维度进行相关问题研究会造成度量偏误，建立综合指标度量人力资本十分必要。他们把教育、健康、培训和迁移四个方面纳入扩展的 Solow 模型，测量人力资本对经济增长所起的作用。

人力资本较为明显的特征之一在于其外部性。Lucas（1988）的研究认为人力资本既可以通过上学等正规教育的形式进行积累，同时专业性的人力资本还可以通过在工作中与同事的相互交流，以"干中学"的方式实现积累，这体现了人力资本的外部性。Fox and Mibourne（2006）用个体微观数据进一步验证了 Lucas（1988）提到的"干中学"模型中人力资本外部性的确是存在的。一个部门平均人力资本水平的提升通过部门内同事间的相互交流能够提高部门成员的生产率。与前面几位研究者类似，Neri and Rodgers（2013）也对澳大利亚经济部门人力资本的正向外部性进行了验证。与前面学者不同的是，Neri 和 Rodgers（2013）不仅证明了人力资本外部性的存在，而且还分析了人力资本正向外部性的强度。Thönnessen 和 Gundlach（2013）认为当前有关人力资本外部性的实证分析缺乏说服力。他们的计量分析提供了相对稳健的实证结果，证明人力资本外部性要比基准估计的数字大两倍。Liu（2014）发现在人力资本发挥作用更大的行业和部门、规模更大或人口更为集中的城市以及经济更为活跃的沿海城市人力资本的外部性强度更大一些。侯传璐等（2015）用 1982—2011 年的中国省级数据分析发现人力资本对经济增长的外溢效应十分小，依靠资本投入数量的增加是经济增长的要因。

当然，人力资本还有一些其他特征。由于人力资本可能存在性别差异，有一部分学者专门对女性人力资本的相关问题进行了研究。石智雷和余驰（2011）专门研究了人力资本对于女性在劳动力市场上就业流动的影响。Cooray、Mallic 和 Dutta（2014）用受教育程度衡量人力资本水平，利用南亚 1970—2008 年的数据研究发现，具有中等教育人力资本水平的女性对经济产生的正向促进作用在总量上不及男性，因此应该增加女性接受中等教育的机会。翟文婧（2015）针对女性人力资本存量相对偏低的情形，研究了如何进一步开放女性人力资本的问题。

上面这些文献对于人力资本内涵的阐述，主要可以分为以下几类。第一类是分别把教育、健康和迁移单独作为人力资本进行衡量；第二类是把人力资本分为教育和健康两部分内容；第三类是把人力资本看作是由教育和工作经验两个维度构成的；第四类则是综合了教育、培训、健康、迁移等多个方面的内容作为人力资本的组成要素。由上述几个分类可以发现，无论是哪一种分类，教育这一维度是人力资本构成中必不可少的一部分，也是最为重要的维度。正是由于教育是人力资本的主要构成成分，部分文献基于此研究了其他几个维度的人力资本对教育人力资本的作用，如健康人力资本对教育的影响、迁移人力资本对教育的影响等。在研究者们看来，人力资本外部性或者称之为人力资本的外溢效应是人力资本在相关经济问题研究中最为重要的特性之一。虽然不同学者由于采取了不同的研究模型及数据，导致得到的统计结果存在较大的差异，有的学者认为人力资本的外部性相对较强，而部分学者则认为人力资本的外溢效应比较有限。但毋庸置疑的一点是，这些学者都认同了人力资本外部性的存在。当然，人力资本在男女性别上的差异也是学者们关心的一个内容。以教育为例，在大多数学者的研究结果中，一方面，女性所具有的教育人力资本总体上要低于男性；另一方面，女性所获得的教育回报率或教育收益率与男性比也存在着差异。另外，还有不少文献是关于人力资本存量对经济增长作用的探讨，接下来本书将对这一部分内容展开详述。

5.1.2　人力资本贡献的理论分析

本书第 1 章中已经详细探讨了经济增长过程中人力资本的影响途径。除了作为投入要素参与经济增长过程之外，更重要的是其可以通过提升部门平均劳动生产率水平来促进经济增长。经济增长的这种方式既可以通过劳动者自身劳动生产效率的提升得以实现，也可以通过提高整体劳动生产率来完成。另外，人力资本的持续积累不断应用于生产过程中，会诱发对更具生产效率和更便捷的生产方式和新方法的思考和探索，人力资本的这种长期积累过程会经历一个由量变到质变的转化，最终带来技术进步和创新。新技术的推广和应用势必会带来新一轮的经济增长。经济增长的这种方式常被经济学家们用于分析人力资本的技术进步效应。鉴于此，下文将从这两个方面展开人力资本对经济增长作用的分析。

5.1.2.1　人力资本与劳动生产率

对于经济增长过程中人力资本所产生的影响，大多数学者普遍认为人力资本的提升能够带来正向效应，他们从各种不同视角出发研究了人力资本对经济增长的作用。Barro（1991）通过对 98 个国家 1960—1985 年的经济数据分析发现，人均 GDP 增长率的变化受到以学校学生注册率为代理变量的初始人力资本的正向影响。具有高人力资本的国家同时具有较低的生育率和较高的物质资本投入。Batabyal 和 Nijkamp（2013）通过建立经济增长的多地区模型，发现在没有人力资本增长的前提下任何一个地区都没有持续性的经济增长，人力资本增长能够实现每一个地区经济的可持续增长。

随着人力资本的重要性日益凸显，其与劳动生产率之间的关系被越来越多的学者关注，探讨内容最为丰富的是人力资本对劳动生产率的作用。Dennison（1967）把教育看作是引起劳动生产效率发生变化的原因之一。Honing 和 Davidsson（2000）认为人力资本理论中的知识能够提升认知能力，从而带来更具有生产效率的潜在活动。一般认为，人力资本的不断积累可以从两个方面促进劳动生产率的提高：第一个方面是其可以提升个体自身的劳动生产率。劳动者受教育程度的提升、在职培训中劳动技能的增加以及工作过程中熟练程度的加强，这些不同方式的人力资本积累都有助于劳动者个体自身生产效率的提高。在此基础上，第二个方面则是劳动者个体自身生产效率的提升会在整个部门中产生外部性，即生产效率较高的劳动者与部门内其他劳动生产率相对较低的劳动者在工作过程中的不断沟通交流会带动低生产效率者改进方法并提高熟练程度，最终整个部门的平均劳动生产率也得到了提升。对人力资本的这种外部性描述最为经典的当属 Lucas（1988）。为了测算人力资本通过提升全社会或部门平均劳动生产率带来的经济增长贡献，他把平均人力资本水平引入了传统的柯布－道格拉斯生产函数之中来考察人力资本的外部性。同时，为了兼顾第一个方面人力资本积累对劳动者自身劳动生产率的影响，模型中还在人力资本总量中对劳动力数量和人力资本质量进行了区分。因此，通过卢卡斯模型可以测算出人力资本通过劳动生产率对经济增长所起的作用。在 Lucas（1988）的基础上，Mankiw、Romer 和 N.Weil（1992）通过采用包含人力资本的扩展索洛模型，实证结果显示物质资本、人口数量和人力资本三类要素对产出的弹性各为三分之一。物质资本对经济增长不存在外部性。储蓄率的增加能在保持现有人力资本存量不变的前提下提升人力资本水平，而人力资本水平的提升会促进经济的增长。高人口增长则稀释了全要素生产率增长中人力资本带来的正向影响。

国内的学者更多的是在 Lucas（1988）的基础上探讨人力资本对中国各个不同阶段经济增长的贡献。邱晓华等（2006）的研究则发现人力资本对中国 1980—2004 年经济增长的贡献约为 8.2%，这要远低于物质资本对经济增长的贡献率。吴华明（2012）通过建立包含技术水平、物质资本存量、人力资本存量和人力资本水平的经典卢卡斯模型测算出中国 1990—2009 年由人力资本增长所带来的经济增长为 33% 左右，该数值要高于由物质资本增长所带来的经济增长率。景跃军和刘晓红（2013）通过区分规模报酬不变和规模报酬可变两种情况利用卢卡斯模型分析了中国 1992—2010 年人力资本增长率对国内生产总值增长的贡献，规模报酬可变的情形下显示人力资本的贡献率只有 2.11%，而规模报酬不变的情形下则得到人力资本对经济增长的贡献率为 10.95%，两者相差很明显。其共同点在于人力资本对经济增长的贡献均要低于物质资本。谢媛媛和林彦梅（2013）对安徽合肥 1990—2009 年人力资本对经济增长的贡献测算时把劳动力数量也纳入人力资本的范畴，发现人力资本增长所带来的经济增长为 17.98%。其中，劳动力数量的贡献为 7.11%，单纯由人力资本所带来的经济增长贡献则为 10.87%。两者之和要低于物质资本对经济增长的贡献。

5.1.2.2　人力资本与技术进步

如前所述，素质红利对经济增长的另一种促进效应是通过人力资本推动技术创新，再把新技术应用于生产过程来间接地实现的。Nelson 和 Phelps（1966）认为创新能够在生产过程中产生外部性，而人力资本能够通过刺激创新用另外一种方式带来外部性。人力资本越高越容易创新，并有利于推进技术扩散和应用。在已有探讨人力资本对经济增长作用的研究中，把一些常用的、直接的教育衡量指标纳入生产函数中进行分析可能会对人力资本与动态生产及经济增长之间的关系造成误解，而在分析经济增长过程中素质红利效应时引入技术进步的做法则建立了两者之间的桥梁。自从 Nelson 和 Phelps 提出人力资本促进经济增长的新途径之后，越来越多的学者对此问题表现出浓厚的兴趣。Azariadis 和 Drazen（1990）认为人力资本的积累能通过两种方式实现多元平衡增长路径，并由此解释经济增长的突飞猛进。当知识达到一定水平后既可以使进一步获取知识变得容易，又可以带来生产可能性的急速增加。Romer（1990）通过建立由技术变化驱动的经济增长模型，发现人力资本存量的多少决定了经济增长的速度，有较多人力资本存量的经济体会获得较快的经济增长。同时也可以用低人力资本解释欠发达国家经济体经济增长的不可观察性。Benhabib 和 Spiegal（1994）采用增长核算中的总量生产函数模型并用多国经济数据分析经济增长过程中各类生产要素作用时发现人力资本的影响并不明显。但是改用考察人力资本水平与全要素增长率的模型却显著地体现了两者之间的关系，前者能对全要素增长率产生明显的正向影响。这在一定程度上显示了人力资本会通过促进技术创新带来经济增长。Turner、Tamura 和 Mulholland（2013）利用美国 1840—2000 年的经济数据研究发现，物质资本和人力资本等投入要素的积累可以解释大部分的产出增长，贡献率大致在五分之三到四分之三之间。来源于技术创新和进步的全要素生产率的增长变化可以解释人均产出增长率的四分之三，而这些技术创新和进步则主要来源于人力资本的积累。这一方面反映了作为要素投入的劳动力中所集聚的人力资本对经济增长的直接作用，另一方面则体现出人力资本作为技术创新和进步的源泉，通过全要素生产率的增长从另一种途径产生对经济增长的间接影响。

虽然素质红利对经济增长的另一种促进效应是通过人力资本推动技术创新来实现，但是人力资本并非是同质的，不同水平的人力资本对经济增长作用是存在明显差异的。Papageorgiou（2003）在 Benhabib 和 Spiegal（1994）的基础上对经济增长过程中人力资本的影响展开了进一步的分析和探讨。他认为人力资本是技术模仿和创新的催化剂。文章通过分类分析发现，以初等教育为主的人力资本对经济增长的贡献主要在于提高最终产出，而以初等小学之后的教育为主的人力资本则更有助于技术创新和模仿。可见，Papageorgiou（2003）对于人力资本影响方式的分类别研究有利于人们更好地理解素质红利效应。类似地，国内学者金相郁和段浩（2007）的研究发现不同层次的人力资本对经济增长所起的作用并不一样，不仅所起作用的大小不一样，而且连作用方向也不同，不同层次的人力资本既可能对经济增长产生正面的促进作用，也可能对经济增长产生负面影响，这取决于人力资本水平与一个国家或地区的经济发展阶段及经济增长方式是否相匹配。对地区经济增长起正向促进作用的是较高水平的人力资本。吴宇晖和付淳宇（2014）引入罗默的生产函数模型，研究发现较高水平的人力资本能够促进地区经济增长。虽然张士斌和张天龙（2010）也认同前面文献有关不同人力资本对经济增长作用的差异，但是他们通过教育水平的高低把人力资本分为初、中、高三种水平，并利用中国 1996—2007 年的数据进行分析。结果表明，在经济增长过程中，高层次的人力资本的影响力并没有已有相关文献资料中提到的那么大。

5.1.3　简单述评

根据上文国内外不同学者有关人力资本及其对经济增长作用的分析可以发现，人力资本一般通过两种方式作用于经济增长，人力资本的积累有利于经济增长。这为本书下一部分研究中国经济增长中的素质红利效应奠定了较好的理论基础。所谓素质红利效应，主要是指以人力资本为表征的劳动者素质或质量提升对经济增长的贡献。综观上述研究人力资本与经济增长的国内外文献，大致具有以下几个特点：第一是研究范围较为广泛，既有利用多个国家的数据来比较人力资本在不同国家经济增长过程中的作用大小，又有研究中国一定时期内人力资本在经济增长过程中所发挥的作用，还有探讨人力资本对我国区域经济增长的贡献差异。第二是有关中国人力资本对经济增长贡献的文献研究期间虽然不完全一样，但相对较为接近，大多集中在我国 20 世纪 90 年代初期到 2010 年左右。由于采用的研究模型包含了卢卡斯模型、罗默生产函数模型、扩展的索洛模型在内的多种形式，研究方法也不尽相同，导致不同学者献有关相同研究期内人力资本对经济增长贡献大小的探讨所得的结论并不一致。研究结果中国 20 世纪 90 年代初期至 2010 年这一期间人力资本对经济增长的贡献率低的不足 5%，高的高于 30%。第三是在上面第二点的基础上继续讨论，不少学者除了研究人力资本对于经济增长的影响程度之外，还进一步比较了其与物质资本共同构成的两大生产要素对经济增长影响力的大小。但结果是截然相反的，部分学者认为在同一时期的经济增长过程中，人力资本的贡献率要大于物质资本的贡献率；而另一些学者持有的观点则完全相反，他们认为虽然人力资本在经济增长过程中有不可否认的影响力，但是其贡献率要远低于同一时期物质资本对经济增长的贡献率。

5.2 中国人力资本存量估算

5.2.1 人力资本存量的测度方法

5.2.1.1 已有的测度方法

由舒尔茨对于人力资本的界定可知，人力资本存量就是集中于个体身上的这种无形知识和技术的含量的多少。一个国家或地区某一时期人力资本存量的多少取决于诸多个体所具有的人力资本的加总。由于教育是人力资本必不可缺的一个维度，因此对于人力资本存量测度常用的方法是衡量教育的多少。OECD（1998）称之为教育获得法。这种方法的表现形式之一是把个体所完成的教育程度换算成受教育年限，直接用受教育年限当作人力资本的代理变量。受教育年限法操作起来相对简单，数据的获取也相对容易。但这种方法应用有个潜在的前提假设，即假设不同受教育程度所产生的教育收益是一样的，而事实上小学教育、中等教育、高等教育的教育回报率显然是不同的。教育获得法的第二种表现形式是用政府教育经费投资或者是生均教育经费，抑或是在校师生比等衡量教育投入的指标来衡量人力资本，是从教育投入成本角度进行人力资本的衡量。如谭永生（2006）采用生均教育经费作为人力资本的代理指标，探讨人力资本对经济增长所发挥的作用大小。陈朝旭（2011）使用政府财政教育经费投入作为指标对人力资本积累与经济增长之间的关系进行了计量分析。陈欣和卜振兴（2014）利用近二十年来的数据建立 Var 模型研究经济增长过程中以教育投资为表征的人力资本的影响，研究结果显示人力资本对经济增长具有长期和显著的作用。还有部分学者用入学率或者是成人文盲率等指标来替代人力资本。Barro（1991）把学校学生注册入学率作为衡量人力资本的指标。成人文盲率则是教育获取的一个反向指标，一个国家或地区的成人文盲率越高，则其人力资本存量就越低。上面阐述的这些不同教育获取法的表现形式有两个共同的较为明显的缺点：一是他们衡量的只是工作之前的初始人力资本投资，而忽视在职培训和"干中学"等人力资本投资形式。以这类指标作为人力资本不能很好地区分刚进入劳动力市场的毕业学生与已经退休劳动力在工作经验和工作能力上的区别。因为这样做忽视了工作过程中经验累积对人力资本存量增加的作用。二是不同国家的教育体制在一定程度上存在着差异，因此用教育获取法进行人力资本存量的衡量不利于展开国际间经济发展及相关问题的比较研究。

除了教育获取法以外，综合指标法也是人力资本存量衡量的常用方法之一。在综合指标的构成中，既有教育指标和健康指标的综合，也有教育指标和工作经验指标的综合，更有教育、工作经验、健康、迁移等多个维度的综合。田艳平（2014）赋予教育中的平均受教育年限和健康中的预期寿命相同的权重，通过计算两者的综合值来构建人力资本指标。孙东生和易加斌（2013）的人力资本指标由教育、健康和迁移三类指标衡量，在这三类指标下分别又构建各自的二级指标体系，通过对数据进行主成分分析提取出人力资存量的综合指标，用于比较不同国家之间的差异。邓垚（2012）则是先分别测度包含教育、培训、工作经验和迁移各个维度人力资本的存量和其对经济增长的贡献，再对各个部分的内容进行加总考量。综合指标法相对于教育获取法来说因其包含了多个人力资本的维度，内容更为丰富，似乎比教育获取法更为科学。但是，综合指标法比较明显的缺憾在于主观性，一方面，各个分指标下的二级指标应该如何取舍存在一定的主观任意性；另一方面，对于人力资本的各个维度构成是否取等值权重还是按其他方法赋权重也没有一定的标准。

以上教育获取法和综合指标法都是从教育投入程度视角考察人力资本存量。与此相对应，另一类文献是从产出角度来度量人力资本存量，主要有技能法和终生收入法。技能法是指用劳动者所具有的技能来衡量人力资本。NCES（2005）就直接用成人个体所具有的技能来衡量人力资本。他们调查了6个国家16～65岁成人的识字能力和计算能力。其中，识字能力被定义为理解和使用以文本或其他书面形式获得信息和知识的能力。计算能力则应用于各种不同情形下有数学方面计算需求并进行处理的知识和技能。这种人力资本存量的衡量方式应用范围相对狭小，需要通过调研的方式来获取相关数据后才能进行实证分析和科学研究。终生收入法是一种以估算劳动力的终生收入为基础来衡量人力资本存量的方法。终生收入法的代表性人物是 Jorgenson 和 Fraumeni，他们分别于 1989 年和 1992 年发表了终生收入法的标志性文献[1][2][3]，用此方法对美国人力资本存量进行了估算，并以此为基础测算了人力资本对美国经济增长的作用。因此，这种人力资本存量的估算方法也被称之为 J-F 终生收入法。在 J-F 终生收入法提出之后，Kapeliushnikov（2014）采取终生劳动收入的估算方法测算俄罗斯的人力资本。Hamilton 和 Liu（2014）也使用终生收入法对十三个收入较高的

---

① Dale W. Jorgenson, Barbara M. Fraumeni, The Accumulation of Human and Nonhuman Capital: 1948-84, The Measurement of Saving, Investment, and Wealth, Chicago: University of Chicago Press, 1989.

② Dale W. Jorgenson, Barbara M. Fraumeni, Investment in Education and U.S. Economic Growth, The Scandinavian Journal of Economics, Vol.94, Supplement. Proceedings of a Symposium on Productivity Concepts and Measurement Problems: Welfare, Quality and Productivity in the Service Industries, 1992.

③ Dale W. Jorgenson, Barbara M. Fraumeni, The Output of the Education Sector, Output Measurement in the Service Sectors, Chicago: University of Chicago Press, 1992.

国家的人力资本相关问题进行了研究。终生收入法用个体一生可获取到的收入来衡量人力资本存量，用这种方法估算的结果中不但包含了个体通过接受正规教育所产生的教育人力资本，而且还包含了劳动者进入劳动力市场后通过"干中学"的方式积累的工作经验，从而有效避免了上面提到的其他几种人力资本衡量方式的诸多不足。至于终生收入法的具体内容及本书因研究需要对其所做的一些调整，下一部分将展开详细阐述。

5.2.1.2　J-F 终生收入法及其调整

终生收入法，顾名思义，是通过估算劳动者一生的劳动收入来衡量劳动者的人力资本存量。简单来说，J-F 终生收入法是对每一个体当前收入和未来收入的现值进行加总，加总之和即为单个劳动者的终生收入。单一个体的终生收入可以分为市场劳动收入和非市场劳动收入两个部分。一个国家或地区的人力资本总量则为该范围内所有单个个体终生收入现值的总和。Jorgenson 和 Fraumeni（1992b）考虑到美国的劳动年龄时间为 14～74 岁，把人的一生按年龄和生存状态分为五个阶段：第一个阶段是从出生到 4 岁，这一阶段属于个体的婴幼儿时期，既不需要在学校上学，也不需要在单位工作。第二个阶段是 5～13 岁，属于学龄儿童的上学阶段。第三个阶段是 14～34 岁，部分个体可能会继续在学校学习，另一些个体可能已经结束了学校的学习，进入社会并投入各行各业的工作当中。这一阶段属于学校上学与单位工作的交叉时期。第四个阶段是 35～74 岁，这一阶段属于成年劳动力的正常工作阶段。第五个阶段是 75 岁及以上的个体，这一阶段的劳动力已经退休，不再继续从事工作。如前所述，J-F 终生收入法需要对当前收入和未来收入的现值进行加总。根据 Jorgenson 和 Fraumeni（1992b）上述对于人生五个阶段的划分，可以发现第五个阶段由于劳动力已经退出了劳动力市场，其当前劳动收入和未来劳动收入均为零（退休收入不纳入劳动者的劳动收入范畴）。于是在区分年份、年龄、性别、受教育程度后，可以得出 J-F 终生收入法中关于退休个体的终生收入计算公式（5.1）。

$$licom_{y,s,a,e}=0 \qquad (5.1)$$

$licom_{y,s,a,e}$ 指的是特定年份某一年龄、性别和受教育程度个体的终生收入现值。

第四阶段是劳动者的正常工作阶段，这一阶段个体的终生收入由当前收入和未来收入现值两部分构成，如式（5.2）。

$$licom_{y,s,a,e}=ylicom_{y,s,a,e}+liv_{y,s,a+1} \times licom_{y,s,a+1,e} \times \frac{1+I}{1+D} \tag{5.2}$$

式（5.2）中，$ylicom_{y,s,a,e}$ 为当年度个体的劳动收入；$liv_{y,s,a+1}$ 为存活率，即年龄为 a 的个体多活一年的概率；I 为个体劳动收入的年增长率；D 为折现率。等式右边第二项含义即为个体未来劳动收入的现值。

对于第三阶段的个体而言，学习和工作都是其可能的状态，其终生收入依旧由当前收入和未来收入现值两部分构成，但是计算方式与第四阶段存在一定的差别，详见式（5.3）。

$$licom_{y,s,a,e}=ylicom_{y,s,a,e}+\left[ar_{y+1,s,a,e} \times liv_{y,s,a+1} \times licom_{y,s,a+1,e+1}+\left(1-ar_{y+1,s,a,e} \right) \right.$$
$$\left. \times liv_{y,s,a+1} \times licom_{y,s,a+1,e} \right] \times \frac{1+I}{1+D} \tag{5.3}$$

式（5.3）中，$ar_{y+1,s,a,e}$ 指升学率。Jorgenson 和 Fraumeni 对升学率的认识是细化到每一年的，即个体下一年份继续在学校学习的可能性。在这一阶段，当前收入和未来收入现值共同构成其终生收入。此外，未来收入基于是否升学又可以细分为两部分。这两部分的未来收入最终通过折现与当前收入求和来得到最终的终生收入。

第二阶段是个体的学习阶段。由于不存在工作的可能性，没有当前收入部分。也就是说，这一阶段与第三阶段相比缺少了式（5.3）左边的第一部分。第二阶段的具体公式详见式（5.4）。

$$licom_{y,s,a,e}=\left[ar_{y+1,s,a,e} \times liv_{y,s,a+1} \times licom_{y,s,a+1,e+1}+\left(1-ar_{y+1,s,a,e} \right) \right.$$
$$\left. \times liv_{y,s,a+1} \times licom_{y,s,a+1,e} \right] \times \frac{1+I}{1+D} \tag{5.4}$$

如前所述，第一阶段的个体正处于婴幼儿时期，由于没有工作，所以与第二阶段类似，其终生收入构成中没有当前收入这一部分。同时这一阶段也不存在上学和升学的问题，所以其终生收入就取决于存活率和下一期的未来收入。具体公式如下：

$$\text{licom}_{y,s,a,e}=\text{liv}_{y,s,a+1} \times \text{licom}_{y,s,a+1,e} \times \frac{1+I}{1+D} \tag{5.5}$$

上述是 J–F 终生收入法中对于市场收入的阶段划分和对应收入的计算。此外，Jorgenson 和 Fraumeni（1992b）还对非市场收入部分也做了类似的分析。由此，市场收入和非市场收入两部分构成了一个相对较为完整的终生收入。值得注意的是，J–F 收入法中对于教育程度的衡量是以年为单位的，因此每一年度的升学率也就是通过判断个体下一年度是否继续在学校求学来估算。在对不同年份分性别、年龄和受教育程度的个体终生收入计算完成之后，只要从统计资料中获得对应年份分性别、年龄和受教育程度的人口数，上述两者分别一一对应相乘之后再加总，便可以得到一个国家或地区的人力资本存量的总量。

J–F 终生收入法中对于五个阶段年龄的划分以及上面提到的对升学率的考察是以下一年是否继续上学为标准的做法，主要是基于美国劳动力市场及教育体制展开研究的。显然，这与中国的教育制度和人们参与劳动力市场的情况存在着一定的差异。另外，这种人力资本存量的测算方法对数据也有一定的要求，方法中所要求的数据在中国公布的统计资料中也不一定能够得到。因此，要采用 J–F 终生收入法来估算中国的人力资本存量，势必要在 J–F 终生收入法的基础上做一些调整。

本书根据中国教育的实际情况以及历年所能获取到数据的限制，把个体的受教育水平分为文盲、小学、初中、高中、大专及以上这五种。以这五种受教育水平为基础，分别对每一教育程度按年龄分阶段计算个体的终生劳动收入。同时，考虑到数据的不易获取性，本书中估算的人力资本存量只包含 J–F 终生收入法中的劳动市场收入部分，而排除了非市场收入部分。在对每一教育水平的个体终生收入估算方式介绍之前，首先需要明确中国不同层级教育的基本情况以及本书由此所做的一些基本假设。

假设一：16 岁以前的个体无当前劳动收入，其终生收入取决于未来劳动收入；退休年龄之后的个体既无当前劳动收入，又无未来劳动收入，其终生劳动收入为零。

由于我国《劳动法》第十五条规定各类用工单位不能聘用16周岁以前的未成年劳动力，因此，16周岁以前的个体无论是否完成学业，都没有当前劳动收入，其终生的劳动收入只能唯一来源于其工作以后的劳动收入。同时，我国当前法律规定的退休年龄为男性劳动者60周岁、女性劳动者55周岁。这一年龄之后，劳动者便从原来的岗位上退休，进入退休期。处于退休状态的劳动者当前劳动收入和未来劳动收入均为零，也就是说其终生收入为零。

假设二：学龄儿童升小学发生在个体6~8岁，小学升初中发生在个体12~14岁、初中升高中发生在个体15~17岁，高中升大学发生在个体18~20岁。

假设二借鉴了王立军等（2015）对于劳动者入学年龄的划分及占比的分配。各个教育层次的可能入学年龄各自有三个年龄，分别为小学6~8岁、初中12~14岁、高中15~17岁、大专18~20岁。每一教育层次在对应三个年龄入学的可能性分别为0.5、0.4和0.1。这为本书计算不同年龄的升学率打下了基础。

假设三：个体受教育程度存在前后连续性，即当前这一教育水平的学业完成之后才能进入下一层级教育的学习。

假设三排除了个体跨层级接受教育的情形，规定每一个体只能先进入小学学习，完成小学学业后才能进入初中学习，完成初中学业之后才能进入高中学习，完成高中学业后才能进入大学学习，而排除了如直接从小学跳级进入高中学习的这类情形。

基于以上三个假设，本书接下来按不同教育层次对调整后的终生收入法进行阐述。

通过分析可以发现，无论是何种受教育水平的个体，他们在年龄0~5岁的婴幼儿期的状态都是一样的，不需要上学和工作，其终生劳动收入取决于未来的劳动收入，具体估算公式详见式（5.5）。类似地，当他们达到当前国家规定的退休年龄（男性60周岁、女性55周岁）之后，他们也都从原有工作岗位上退下来，不再继续工作，因此不再具有当前劳动收入和未来劳动收入，估算公式为式（5.1）。不同受教育水平的个体在终生收入估算方式上的差异在于 6 岁开始上学起至学业完成后开始工作这段时间上的差异。下面按受教育水平来阐述不同年龄个体的终生收入计算方式。

第一，受教育水平为文盲的不同年龄个体。

对于受教育水平为文盲的个体，根据本书的假设升学只可能发生在年龄为 6 ~ 8 岁的个体身上，这部分个体可能通过升学进入小学学习，也可能不升学继续保持文盲的教育水平。估算公式为式（5.6）。

$$\mathrm{licom}_{y,s,a,e} = \big[ar_{y+1,s,a,e} \times \mathrm{liv}_{y,s,a+1} \times \mathrm{licom}_{y,s,a+1,e+1} + (1 - ar_{y,s,a,e+1})$$
$$\times \mathrm{liv}_{y,s,a+1} \times \mathrm{licom}_{y,s,a+1,e} \big] \times \frac{1+I}{1+D} \tag{5.6}$$

对于年龄在 8 岁以后至 16 岁之前的个体，他们错过了升小学的时期，根据假设三不再可能继续在学校上学。同时根据假设一，他们又不能进入到劳动力市场获取到一份工作，因此这个年龄范围还没上小学的个体只能处于待业的状态，其终生收入取决于年满 16 周岁以后的未来劳动收入。估算公式为式（5.5）。

对于年龄在 16 岁至退休年龄（男性 60 岁、女性 55 岁）处于就业期的个体，这一类个体由于不再继续学习，同时又达到了可以进入劳动力市场工作的年龄，他们的终生劳动收入来源于当前的劳动收入和未来劳动收入两个部分。估算公式为式（5.2）。

第二，受教育水平为小学的不同年龄个体。

对于受教育水平为小学的个体，根据本书的假设升学只可能发生在年龄为 12 ~ 14 岁的个体身上，这部分个体可能通过升学进入初中学习，也可能不升学继续保持小学的教育水平。估算公式为式（5.6）。

对于 5 岁之后至 12 岁之前的个体，他们处于小学学习状态，没有当前的劳动收入，其终生收入依赖于未来收入，估算公式为式（5.5）。对于 14 岁以后 16 岁之前的个体，他们由于没有升学不再学习，但又由于劳动力市场的年龄限制没能参加工作，其终生收入取决于未来的劳动收入，估算公式也为式（5.5）。可以发现，虽然这两类个体的终生收入公式和婴幼儿期的终生收入估算方式是相同的，但不同时期个体的状态是不一样的。

对于年龄在16岁至退休年龄（男性60岁、女性55岁）处于就业期的这一类个体，他们不再继续学习，进入劳动力市场开始工作，他们的终生劳动收入来源于当前的劳动收入和未来劳动收入两个部分。估算公式为式（5.2）。

第三，受教育水平为初中的不同年龄个体。

对于受教育水平为初中的个体，根据本书的假设升学只可能发生在年龄为15～17岁的个体身上，这部分个体可能通过升学进入高中学习，也可能不升学继续保持初中的教育水平。这里又可以分为两种类型，第一类是年龄为15岁的个体，他们可能通过升学进入高中继续学习，也可能不升学保持待业的状态，因为他们的年龄还没有达到进入劳动力市场工作的法定年龄。这一类个体的估算公式为式（5.6）。第二类是年龄为16岁或者17岁的个体，他们可能会通过升学进入高中继续学习，也可能不升学但可以进入到劳动力市场上开始工作。因此这类个体终生收入的估算公式为式（5.7）。

$$\text{licom}_{y,s,a,e} = \text{ylicom}_{y,s,a,e} + \left[ar_{y,s,a,e+1} \times \text{liv}_{y,s,a+1} \times \text{licom}_{y,s,a+1,e+1} + (1 - ar_{y,s,a,e+1}) \right.$$
$$\left. \times \text{liv}_{y,s,a+1} \times \text{licom}_{y,s,a+1,e} \right] \times \frac{1+I}{1+D} \tag{5.7}$$

对于5岁之后至15岁之前的个体，他们处于小学和初中的学习状态，没有当前的劳动收入，其终生收入依赖于未来收入，估算公式为式（5.5）。

对于年龄在18岁至退休年龄（男性60岁、女性55岁）处于就业期的这一类个体，他们不再继续学习，进入劳动力市场开始工作，他们的终生劳动收入来源于当前的劳动收入和未来劳动收入两个部分。估算公式为式（5.2）。

第四，受教育水平为高中的不同年龄个体。

对于受教育水平为高中的个体，根据本书的假设升学只可能发生在年龄为18～20岁的个体身上，他们可能会通过升学进入高中继续学习，也可能不升学但可以进入劳动力市场开始工作。因此，这类个体终生收入的估算公式为式（5.7）。

对于 5 岁之后至 18 岁之前的个体，他们处于小学、初中以及高中的学习状态，没有当前的劳动收入，其终生收入依赖于未来收入，估算公式为式（5.5）。

对于年龄在 21 岁至退休年龄（男性 60 岁、女性 55 岁）处于就业期的这一类个体，他们不再继续学习，进入劳动力市场开始工作，他们的终生劳动收入来源于当前的劳动收入和未来劳动收入两个部分。估算公式为式（5.2）。

第五，受教育水平为大专及以上的不同年龄个体。

对于受教育水平为大专及以上的个体，如果年龄在 6～20 岁这一范围内，他们则依次处于小学、初中、高中及大专的学习状态，没有当前的劳动收入，其终生收入依赖于未来收入，估算公式为式（5.5）。如果年龄在 21～26 岁这一范围内，他们有可能继续在大学学习，也有可能大学已经毕业，进入劳动力市场开始工作。由于这一阶段我们不再考虑升学率的问题，因此他们的终生收入计算公式可以简化为式（5.2）。对于年龄在 27 岁至退休年龄（男性 60 岁、女性 55 岁）处于就业期的这一类个体，他们不再继续学习，进入劳动力市场开始工作，他们的终生劳动收入来源于当前的劳动收入和未来劳动收入两个部分。估算公式依旧为式（5.2）。可以发现，虽然后两个年龄范围内个体的终生收入估算方式是相同的，但是不同时期个体的状态是存在差别的。

5.2.2　基于调整后 J–F 终生收入法的人力资本存量估算

5.2.2.1　数据来源及说明

前文以 Jorgenson 和 Fraumeni 提出的终生收入法为基础根据我国的实际情况及本书的研究需要做了适当调整。本部分采用调整后的 J–F 终生收入法来估算中国 1989—2011 年人力资本存量。根据前文可知人力资本存量的估算需要以下六个方面的数据：一是分年龄、性别、受教育程度的劳动者当年度的劳动收入；二是不同年份分年龄、性别、受教育程度的升学率；三是不同年份分性别和年龄的人口存活率；四是未来收入的折现率；五是劳动者收入的增长率；六是不同年份分年龄、性别、受教育程度的人数。下面分别对各项数据来源进行详细阐述。

第一，分年龄、性别、受教育程度劳动者当年度的劳动收入。由于当前我国公布的统计资料中并没有如此细分的劳动者每年劳动收入数据，因此本书使用微观调查数据并引入明瑟尔的工资方程进行估算。与本书研究较为接近的我国大规模连续调查微观数据主要有 CHIPS（中国城乡居民收入分配调查）数据和 CHNS（中国家庭营养健康调查）数据两类。两类数据各有特点。CHIPS 数据的优势在于调查所覆盖的省份非常之广，每次调查基本上覆盖了中国三分之二的省份，其不足则在于调查次数相对较少，自 1988 年首次调查以来迄今为止 CHIPS 数据库公布的数据不超过五个年份。CHNS 数据历次调查的省份虽然只有九个，但东、中、西部的省份都有涉及。更为重要的是，其公布的数据调查年份涉及 1989—2011 年的九个年份。相比较而言，CHNS 数据更加适合本书研究的需要，因此，本书采用 CHNS 公布的 1989—2011 年的调查数据进行分年龄、性别、受教育程度劳动者当年度劳动收入的估算。

第二，不同年份分年龄、性别、受教育程度的升学率。如前文所述，本书的受教育水平划分为文盲、小学、初中、高中、大专及以上五个层次。每一层次的升学分别发生在特定的三个年龄，且其发生概率分别为 0.5、0.4 和 0.1。鉴于此，本书只需要对所研究年份文盲、小学、初中、高中、大专及以上这五个教育水平分性别的升学率进行计算即可。这可以从历年的《中国统计年鉴》和《中国教育统计年鉴》上获取所研究期间内每年的各个教育水平分性别的招生人数和毕业生人数来进行估算。

第三，不同年份分性别和年龄的人口存活率。人口存活率的计算要通过对应年份分性别和年龄的人口死亡率的计算来获得。具体计算方式为从历年《中国人口统计年鉴》和《中国人口和就业统计年鉴》上得到历年分

年龄和性别的年均人口、死亡人口和死亡率，再来计算得到对应年份分性别和年龄的人口存活率。

第四，未来收入的折现率。本书的折现率指的是把个体的未来劳动收入折算成现值的比率。部分文献采用长期债券的利率代替，如把十年期、二十年期国债利率用作折现率。本书收集了 1989—2011 年的无风险收益率，本书中用到的未来收入的折现率为这一期间无风险收益率的均值。

第五，劳动者收入的增长率。对于劳动者收入增长率的计算，首先从历年《中国统计年鉴》中获取到 1989—2011 年劳动者报酬和就业人数这两项数据并计算出这一期间每年的平均劳动生产率。在此基础上，可以得到历年的年均劳动生产率增长率，取其均值作为本书人力资本存量估算过程中使用的劳动者收入增长率。

第六，不同年份分年龄、性别、受教育程度的人数。对于 1989—2011年研究期间内不同年份分年龄、性别、受教育程度人数的测算，主要可以分为以下几种情况：第一种情况是直接从国家已公布的包括历年《中国统计年鉴》、历次《人口普查资料》和《1% 人口抽样调查资料》等在内的统计资料中直接获取相关数据，年份涉及 1990 年、1995 年、2000年、2005 年和 2010 年。第二种情况是通过估算获得相关数据。首先根据抽样调查数据和人口普查数据分别计算 1987—1990 年、1990—1995 年、1995—2000 年、2000—2005 年、2005—2010 年间按平均增长率计算的1989—2011 年份分年龄、性别、受教育程度的人数，并根据计算所得的结果估算研究期间内除第一种情况中人口普查年份和 1% 抽样调查数据以外年份分年龄、性别的各个受教育程度的人数占比。在得到每一年份分年龄、性别的受教育程度占比值后，从历年《中国统计年鉴》中获取每一年份分性别、性别的总人口数，上述两者相乘之积作为本书研究期间内不同年份分年龄、性别、受教育程度的人数。

5.2.2.2　人力资本存量估算

前一部分已经把利用调整的 J-F 终生收入法测算人力资本存量过程中

所需要用到的数据来源及其计算方式做了简单介绍。本部分的内容主要分为两个部分：第一部分是对 1989—2011 年期间分年龄、性别、受教育程度劳动者当年度的收入计算过程进行阐述。第二部分是对人力资本存量的估算结果进行分析。

第一，1989—2011 年期间分年龄、性别、受教育程度劳动者收入计算。

为了计算研究期间内分年龄、性别、受教育程度劳动者的收入，本书在测算过程中引入了包含教育和工作经验的明瑟尔方程，具体方程详见式（5.8）。

$$\ln \text{incom} = \beta_0 + \gamma_0 \text{edu} + \lambda_0 \exp \text{erin} + \phi_0 \exp \text{erin}^2 + \delta_0 \text{male} + u \qquad (5.8)$$

式（5.8）中，ln incom 代表的是劳动者收入的对数值。edu 代表受教育程度，此处用受教育年限数据。exp erin 代表的是工作经验，本书以样本中个体的年龄与受教育年限的差值再减去 5 来代表工作经验。之所以用年龄去减受教育年限之后还要再减去 5，主要是考虑到任何一个个体 0～5 岁处于婴幼儿时期，这一阶段不适合纳入个体的工作经验范畴之中。exp erin² 指的是工作经验的平方值，即对 exp erin 取平方。male 是个虚拟变量，1 代表男性，0 代表女性，用于对男、女性进行区别。β_0 为常数项，γ_0、λ_0、ϕ_0、δ_0 分别代表每个自变量各自的待估参数，u 则指模型的残差项。

式（5.9）是明瑟尔方程的基本模型。本书因研究需要测算 1989—2011 年每一年份分年龄、性别、受教育程度的个体收入，由于 CHNS 数据中只有 1989—2011 年期间的数据并不是连续年份的数据，中间缺失了部分未调查年份的数据。缺失年份各个变量的数据需要通过采用一定的方法来估算。鉴于此，本书采用跨时独立横截面的混合模型，通过在模型中加入年度虚拟变量进行测算。构建的模型详见式（5.9）。

$$\ln \text{incom} = \beta_0 + \gamma_0 \text{edu} + \lambda_0 \exp \text{erin} + \phi_0 \exp \text{erin}^2 + \delta_0 \text{male} + \sum \beta_i D_i$$
$$+ \sum \gamma_i D_i \text{edu} + \sum \lambda_i D_i \exp \text{erin} + \sum \phi_i D_i \exp \text{erin}^2 + \sum \delta_i D_i \text{male} + \varepsilon \qquad (5.9)$$

式（5.9）中 D_i 为代表年份的虚拟变量，把 1989 年作为基础年份，i 分别为 1991 年、1993 年、1997 年、2000 年、2004 年、2006 年、2009 年和 2011 年。ε 为模型的残差项。式（5.9）等式右边的其他变量及参数与式（5.8）相同。

为了检验整个模型的联合分布显著性，本书把式（5.9）作为无限制模型，而式（5.8）为受限模型，进行模型的联合分布显著性检验。检验结果如式（5.10）所示。

$$F = \frac{(R_{ur}^2 - R_r^2)/q}{(1 - R_{ur}^2)/(n-k-1)} = \frac{(0.5120 - 0.2469)/40}{(1 - 0.5102)/(70386 - 45)}$$

$$= \frac{0.2633/40}{0.4898/70341} = \frac{18520.7853}{19.592} = 945.323872 \qquad (5.10)$$

查 F 分布表可知，F 值大于对应的临界值，拒绝原假设，得到模型联合分布显著的结论。同时，考虑到模型有可能存在异方差，为了使本研究模型更加稳健，本书采用了异方差—稳健的回归结果，因为模型中所用到的 CHNS 数据的样本量为 70386 个，样本容量相对较大。对于大样本量的横截面数据采用这种方式是合理的（伍德里奇，2015）。模型估算结果见表 5-1。

表 5-1　跨时独立横截面混合模型回归结果

因变量：ln income				
自变量	系数	标准误	T 值	P 值
edu	0.0628	0.0035	17.93	0.000
experin	0.0672	0.0031	21.63	0.000
experin^2	−0.0008	0.0000	−19.48	0.000
male	0.1582	0.0239	6.61	0.000
d91	−0.0521	0.0704	−0.74	0.459
d93	0.1408	0.0799	1.76	0.078
d97	1.0274	0.0834	12.32	0.000
d00	1.0993	0.0839	13.11	0.000
d04	0.8954	0.0997	8.98	0.000
d06	1.3689	0.1043	13.13	0.000
d09	1.9427	0.1007	19.29	0.000
d11	2.6574	0.0939	28.29	0.000
d91edu	0.0128	0.0046	2.79	0.005
d93edu	0.0151	0.0050	3.02	0.002
d97edu	0.0191	0.0053	3.61	0.000
d00edu	0.0513	0.0052	9.88	0.000
d04edu	0.0777	0.0053	14.69	0.000
d06edu	0.0715	0.0053	13.58	0.000

续表

	因变量：ln income			
自变量	系数	标准误	T 值	P 值
d09edu	0.0558	0.0050	11.23	0.000
d11edu	0.0552	0.0048	11.58	0.000
d91experin	0.0056	0.0043	1.29	0.196
d93experin	0.0101	0.0048	2.09	0.037
d97experin	−0.0033	0.0048	−0.68	0.494
d00experin	−0.0253	0.0047	−5.33	0.000
d04experin	−0.0301	0.0055	−5.45	0.000
d06experin	−0.0399	0.0056	−7.13	0.000
d09experin	−0.0310	0.0053	−5.82	0.000
d11experin	−0.0500	0.0046	−10.76	0.000
d91experin^2	0.0000	0.0001	−0.84	0.398
d93experin^2	−0.0001	0.0001	−1.58	0.115
d97experin^2	0.0000	0.0001	0.42	0.677
d00experin^2	0.0004	0.0001	5.89	0.000
d04experin2	0.0005	0.0001	7.63	0.000
d06experin^2	0.0006	0.0001	8.60	0.000
d09experin^2	0.0005	0.0001	8.06	0.000
d11experin^2	0.0007	0.0001	12.02	0.000
d91male	−0.0419	0.0321	−1.30	0.192
d93male	−0.0909	0.0349	−2.60	0.009
d97male	−0.0270	0.0344	−0.79	0.432
d00male	−0.0667	0.0350	−1.90	0.057
d04male	−0.0182	0.0376	−0.48	0.628
d06male	0.0921	0.0375	2.46	0.014
d09male	−0.0388	0.0348	−1.11	0.266
d11male	−0.0361	0.0319	−1.13	0.258
_cons	5.4740	0.0517	105.85	0.000
样本数	70386			
R-squared	0.5102			

由表 5-1 可知，作为参照的基础年份 1989 年的各项系数均在 1% 的统计水平上显著，所估算的当年度个体收入对数值的回归方程为：

$$\ln income=5.4740+0.0628edu+0.0672exp\,erin−0.0008exp\,erin^2+0.1582male \qquad (5.11)$$

以式（5.11）为基础，分别比较 1991 年、1993 年、1997 年、2000 年、2004 年、2006 年、2009 年和 2011 年与基础年份 1989 年各项待估系数是否在 5% 的统计性水平上存在显著性差异。若存在显著性差异，则取表 5-1 中这两年对应已估系数之和；若不存在显著性差异，则比较年份的对应系数取与基础年份 1989 年相同的系数。如对于 1991 年的待估系数，常数项 d91 的 P 值为 0.459、工作经验 d91exp erin 的 P 值为 0.196、工作经验的平方 d91exp erin^2 的 P 值为 0.398、是否为男性 d91male 的 P 值为 0.192，这四项在 5% 的统计水平上均不显著，即均分别接受了常数项 _cons 与 d91 以及变量 exp erin 与 d91exp erin、exp erin^2 与 d91exp erin^2、male 与 d91male 不存在显著性差异的假设。因此，1991 年个体收入对数值的回归方程的常数项 d91、工作经验 d91exp erin、工作经验的平方 d91exp erin^2 和是否为男性 d91male 的系数值取与 1989 年回归方程中的对应项的系数值，分别为 5.4740、0.0672、–0.0008 和 0.1582，而教育年限 d91edu 项的 P 值为 0.005，其在 5% 的统计水平上显著，即拒绝了变量 edu 与 d91edu 不存在显著性差异的假设，由此可以认为变量 edu 与 d91edu 存在着显著差异。1991 年回归方程中的教育年限 d91edu 的系数取这两个已估参数之和，即为 0.0628 和 0.0128 两者相加，值为 0.0756。综上分析，1991 年个体收入对数值的回归方程为：

$$\ln \text{income}=5.4740+0.0756\text{edu}+0.0672\text{exp erin}-0.0008\text{exp erin}^2+0.1582\text{male} \quad (5.12)$$

　　类似地，我们可以用上述相同的方法估算出剩余的 1993 年、1997 年、2000 年、2004 年、2006 年、2009 年和 2011 年个体收入对数值的回归方程的对应系数值。在求出这些年份的回归方程系数值后，为了进一步估算 1989—2011 年之间其余缺失年份回归方程的相应系数值，分别比较已知回归方程中最相邻两个年份的各项系数是否存在显著性差异。如比较已知的 1989 年和 1991 年回归方程各变量的系数是否存在显著性差异，若两者存在显著性差异，则中间缺失年份对应变量的系数根据变量的年均增长率进行计算；若两者不存在显著性差异，则中间缺失年份对应变量的系数值则取 1989 年和 1991 年两个年份对应变量系数的均值。根据这种估算方法，本书最终测算出 1989—2011 年期间各个年份个体收入对数值的回归方程变量的系数，见表 5-2。

表 5-2　1989—2011 年期间个体收入对数回归方程各变量值

年份	_cons	edu	exp erin	exp erin^2	male
1989	5.4740	0.0628	0.0672	−0.0008	0.1582
1990	5.4740	0.0689	0.0672	−0.0008	0.1582
1991	5.4740	0.0756	0.0672	−0.0008	0.1582
1992	5.4740	0.0768	0.0723	−0.0008	0.1128
1993	5.4740	0.0779	0.0773	−0.0008	0.0673
1994	5.7145	0.0799	0.0746	−0.0008	0.1128
1995	5.9656	0.0799	0.0721	−0.0008	0.1128
1996	6.2278	0.0799	0.0696	−0.0008	0.1128
1997	6.5014	0.0819	0.0672	−0.0008	0.1582
1998	6.5374	0.0915	0.0574	−0.0006	0.1582
1999	6.5374	0.1022	0.0490	−0.0005	0.1582
2000	6.5733	0.1141	0.0419	−0.0004	0.1582
2001	6.4714	0.1202	0.0395	−0.0004	0.1582
2002	6.4714	0.1266	0.0395	−0.0004	0.1582
2003	6.4714	0.1334	0.0395	−0.0003	0.1582
2004	6.3694	0.1405	0.0371	−0.0003	0.1582
2005	6.6019	0.1374	0.0322	−0.0003	0.1990
2006	6.8429	0.1343	0.0273	−0.0002	0.2503
2007	7.0291	0.1288	0.0318	−0.0003	0.2148
2008	7.2203	0.1236	0.0318	−0.0003	0.1843
2009	7.4167	0.1186	0.0362	−0.0003	0.1582
2010	7.7658	0.1183	0.0250	−0.0002	0.1582
2011	8.1314	0.1180	0.0172	−0.0001	0.1582

　　由表 5-2 可知，各年份变量 male 的系数值均为正数。这也就意味着，对于每一年度相同年龄和相同受教育程度的男性和女性个体，男性个体的当年度收入均要高于女性个体。以表 5-2 为基础，可以估算 1982—2011 年整个期间分年龄、性别和受教育程度的个体当年度收入。由于本部分回归方程中采用了受教育年限作为受教育程度的表征，而后面的人口数是按照受教育等级水平进行划分的，因此此处对受教育年限和受教育水平进行了转换，即文盲水平等于 0 年受教育年限、小学水平根据年龄分为 1～6 年的受教育年限、初中水平根据年龄分为 7～9 年的受教育年限、高中水平根据年龄分为 10～12 年的受教育年限、大专及以上水平根据年龄分为 13～15 年的受教育年限。工作年限或工作经验则跟前面所述的一样，即为年龄与受教育年限的差值再减去 5。在此基础上，根据我国现行男性 60

周岁退休、女性 55 周岁退休的法律规定，本书采用本章前文阐述的调整后的 J-F 终生收入法，估算了研究期间内各个年份分性别的人力资本总量，估算结果如表 5-3 所示。

表 5-3　1989—2011 年期间以现行退休年龄估算分性别的人力资本存量

（单位：万亿元）

年份	HC（male）	HC（female）	Total
1989	70.6421	56.3468	126.9889
1990	76.8859	55.4038	132.2897
1991	82.1003	59.2479	141.3482
1992	95.7451	70.8488	166.5939
1993	110.8151	84.2055	195.0206
1994	138.7071	99.7674	238.4744
1995	150.7012	118.8806	269.5818
1996	182.8020	136.9820	319.7840
1997	249.9628	183.8660	433.8288
1998	207.3423	152.0435	359.3859
1999	178.3402	130.6727	309.0129
2000	174.6398	130.6464	305.2863
2001	154.8110	114.2381	269.0490
2002	174.6853	124.1591	298.8444
2003	193.1794	132.5061	325.6855
2004	171.7168	124.0565	295.7734
2005	178.0726	135.1713	313.2439
2006	222.0776	147.1241	369.2018
2007	274.6209	191.2887	465.9096
2008	302.0046	225.4176	527.4222
2009	409.3018	292.7950	702.0968
2010	444.0125	409.3834	853.3959
2011	503.3868	392.8059	896.1926

　　如表 5-3 所示，1989—2011 年整个研究期间内 1998—2002 年以及 2002 年几个年份我国人力资本存量略有下降，但是从总体上看是上升的，从 1989 年的 126.9889 万亿元增长至 2011 年的 896.196 万亿元。与此类似，男性人力资本总量由 1989 年的 70.6421 万亿元上升至 2011 年的 503.3868 万亿元，女性人力资本总量则由 1989 年的 56.3468 万亿元上升至 2011 年的 392.8059 万亿元。对比每一年度男性和女性的人力资本存量可以发现，

男性个体的人力资本总量普遍要高于女性的人力资本总量。

5.2.2.3　进一步讨论

　　上述人力资本存量的估算是基于我国现行《劳动法》对于劳动者退休年龄的规定。我国现行有关男女性退休年龄的规定相对于其他国家而言是比较早的，目前中国的劳动力退休年龄偏低大约 7 ~ 12 岁[①]。事实上，随着人口预期寿命的延长，越来越多的劳动力已经或者开始以各种形式在退休之后继续参与到劳动力市场中工作，继续发挥他们的余热。由此可见，延长退休年龄是今后的大势所趋，也是当今相关政府部门正在考虑和积极筹划的一项重大事项。因此，以现行法定退休年龄作为调整后的 J-F 终生收入法中个体参与劳动力市场的最高年龄会低估我国现有的人力资本总量。鉴于此，本书对个体参与劳动力市场的最高年龄进行延后，分为两种情况：第一种情况是女性退休年龄向后延迟 5 年，男性退休年龄暂时保持不变，即男性和女性同时在 60 周岁退休；第二种情况是男女性劳动者退休年龄都需要延长，但延长时间不一样。男性劳动者在现行规定的基础上向后延迟 5 年，女性劳动者则需要向后延长 10 年，即男性和女性同时在 65 周岁退休，以此为基础采用调整后的 J-F 终生收入法测算我国的人力资本存量，测算结果分别见表 5-4 和表 5-5。

　　由表 5-4 可知，随着女性退休年龄的延长，每一年度女性的人力资本存量和总的人力资本存量都得到了增加。女性人力资本存量和总的人力资本存量在整个研究期间内整体上均是上升的，女性人力资本存量从 1989 年的 78.1760 万亿元上升到了 2011 年的 505.5750 万亿元，总的人力资本存量则相应地从 1989 年的 148.8181 万亿元增长至 2011 年的 1008.9617 万亿元。同时，比较每一年份的男性人力资本存量和女性人力资本存量可以发现，与前面按照现行法定退休年龄估算的人力资本存量有所不同，延长女

---

　　① 姚翔、雷蕾、童春林、邵小珍：《老年雇员退休返聘行为内在机制的研究：员工情感承诺的影响》，《人口与发展》2011 年第 6 期，第 49 页。

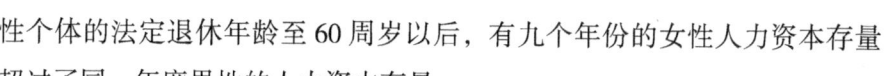

性个体的法定退休年龄至 60 周岁以后，有九个年份的女性人力资本存量超过了同一年度男性的人力资本存量。

表 5-4　1989—2011 年期间以男 60 岁、女 60 岁退休估算分性别的人力资本存量

（单位：万亿元）

年份	HC（male）	HC（female）	Total
1989	70.6421	78.1760	148.8181
1990	76.8859	76.9058	153.7917
1991	82.1003	82.4078	164.5081
1992	95.7451	100.6558	196.4008
1993	110.8151	122.2044	233.0194
1994	138.7071	143.5289	282.2360
1995	150.7012	172.1320	322.8333
1996	182.8020	197.3411	380.1432
1997	249.9628	265.3698	515.3326
1998	207.3423	214.9013	422.2437
1999	178.3402	177.8696	356.2098
2000	174.6398	173.4817	348.1215
2001	154.8110	152.8697	307.6807
2002	174.6853	166.2462	340.9315
2003	193.1794	178.2685	371.4479
2004	171.7168	165.3022	337.0190
2005	178.0726	179.1765	357.2492
2006	222.0776	194.6841	416.7617
2007	274.6209	256.4930	531.1139
2008	302.0046	306.1633	608.1678
2009	409.3018	404.2129	813.5147
2010	444.0125	535.3225	979.3350
2011	503.3868	505.5750	1008.9617

由表 5-5 的数据可知，随着男、女性退休年龄的同时延长，每一年度男、女性的人力资本存量和总的人力资本存量都得到了增加。男、女性人力资本存量和总的人力资本存量在整个研究期间内整体上均是上升的，男性人力资本存量从 1989 年的 80.8339 万亿元上升至 2011 年的 566.4519 万亿元，女性人力资本存量从 1989 年的 97.8742 万亿元上升至 2011 年的 614.4974 万亿元，总的人力资本存量则相应地从 1989 年的 178.7081 万亿元增长至 2011 年的 1180.9492 万亿元。同时，比较每一年份的男性人力资本存量和女性人力资本存量可以发现，与前面两种按不同退休年龄估算的人力资本

存量有所不同，延长男性和女性个体的法定退休年龄至 65 周岁以后，除了 2006 年和 2007 年两个年份以外，其他 21 个年份的女性人力资本存量超过了同一年度男性的人力资本存量。

表 5-5　1989—2011 年期间以男 65 岁、女 65 岁退休估算分性别的人力资本存量

（单位：万亿元）

年份	HC（male）	HC（female）	Total
1989	80.8339	97.8742	178.7081
1990	88.2015	96.4855	184.6869
1991	94.4615	103.7786	198.2400
1992	111.7220	129.2420	240.9640
1993	131.2008	160.0767	291.2774
1994	163.7414	187.0376	350.7790
1995	177.1600	225.6884	402.8484
1996	212.6628	255.3298	467.9926
1997	293.0350	348.1800	641.2150
1998	243.5928	273.9193	517.5121
1999	206.4218	221.8768	428.2987
2000	198.4294	212.3463	410.7757
2001	176.4989	187.3305	363.8294
2002	198.1148	204.2907	402.4055
2003	222.4997	224.1900	446.6897
2004	195.4067	203.2455	398.6523
2005	204.8597	221.3659	426.2257
2006	259.3138	242.8670	502.1808
2007	326.6712	324.0492	650.7204
2008	353.8263	387.6070	741.4333
2009	492.8356	527.6214	1020.4570
2010	510.8883	659.9788	1170.8671
2011	566.4519	614.4974	1180.9492

通过上述分析，本书发现一个较为有趣的现象，当延长退休年龄至男女同龄退休之后，总会出现女性人力资本存量要高于男性人力资本存量的年份，而且延长的法定退休年龄越往后，出现女性人力资本存量高于男性人力资本存量的年份相对就越多。但事实上，由表 5-2 的数据可知，各年份变量 male 的系数值均为正数。这就意味着，对于每一年度相同年龄和相同受教育程度的男性和女性个体，男性个体的当年度收入均要高于女性个体。由此可见，同一年度女性人力资本存量要高于男性人力资本存量并不

是因为女性的人力资本收益率要高于男性，而是在于其他原因。本书认为这种现象的可能原因是女性的平均预期寿命要高于男性，从而导致不同年龄的存活率要女性高于男性。随着退休年龄的延长，年龄越大这种现象就越明显。存活率是调整后的 J-F 终生收入法中估算人力资本存量的一个重要因素，这也就说明了为什么同一年度女性人力资本存量会出现高于男性的现象。

据国家统计局的数据显示：2010 年中国男性人口平均预期寿命为72.38 岁，女性为 77.37 岁。退休年龄是一个与时代发展息息相关的指标，人口平均预期寿命的延长势必会对其产生影响。而当前中国的法定退休年龄是 20 世纪 50 年代初期基于当时较低的人口平均预期寿命制定的，由此看来，当前中国规定男性为 60 周岁、女性为 55 周岁的法定退休年龄普遍过低，男性法定退休年龄与中国当下人口的平均预期寿命有 10 多年之差，而女性法定退休年龄与中国当下人口的平均预期寿命之差则更是高达 20多年。当前的退休年龄已经随着中国人口平均预期寿命的延长显得不合时宜，会极大地造成我国人力资源的浪费和人力资本存量的低估。这一点在女性身上体现得尤为明显。根据弗兰科·莫迪利安尼与布伦伯格、艾伯特·安多共同提出的生命周期假说，在保持当前退休年龄不变的前提下，由于人口平均预期寿命的延长，导致"不工作的老年时期"延长。从这一角度看，延迟退休年龄成了一种必需。延迟退休不但不会使人们的利益受到损失，相反，延迟退休能够延长劳动者个体的工作年限，拓展其在整个生命周期中为社会创造财富、为自己增加收入的时间。对整个社会而言，延长劳动者的退休年龄，尤其是女性劳动者的退休年龄，增加了我国的人力资本存量，有利于中国经济的长期增长。

5.3　素质红利与中国经济增长的检验

鉴于以上分析，为了更好地测算中国经济增长过程中的素质红利效应，即人力资本在经济增长过程中的贡献率，本书将在下一部分采用前一节已经估算出的人力资本存量数据。一方面，通过明瑟尔方程估算出的当年度个体劳动收入包含了教育和工作经验两类人力资本的影响，有效区分了不同质的劳动力个体在个人收入上的差异。同时，采用J-F终生收入法估算出的历年人力资本总量也考虑了中国教育的实际情况。另一方面，考虑到研究模型的多样性，为了能够更一般化地测度中国经济增长的素质红利效应，下文的研究将采用超越对数生产函数模型。另外，为了能够与前面理论分析中提到的相关文献研究结果进行一定的比较，同时也考虑到数据的可获得性，本书的研究期间为1989—2011年，与上述文献较为类似。此外，本部分还对全国三十一个省、市、自治区2000—2016年平均受教育程度进行了分析，旨在一定程度上反映区域素质红利的差异。

5.3.1 模型和数据介绍

5.3.1.1 超越对数生产函数模型介绍

无论是采取卢卡斯模型、罗默模型还是扩展的索洛模型，探讨人力资本对经济增长作用的很大一部分文献都采用了常弹性的柯布-道格拉斯生产函数。这种生产函数形式一般以中性技术进步和规模报酬不变为前提条件。显然，这些假设与前文分析的实际情况并不一定是相符合的。中性技术进步意味着经济的增长来源于人力资本和物质资本两类要素在生产过程中的效率按照等比增长，而不会出现人力资本的生产效率提升幅度高于物质资本或者是物质资本的生产效率增加幅度要高于人力资本的情况。这说明了在中性技术进步的假设下，两类投入要素物质资本和人力资本之间是不会出现相互替代的情况的，生产效率的提升只是等比例地减少了两类要素的投入量或者说是同样的要素投入增加了产出量。但事实上，中国当前的经济环境下很少能够出现像上面分析一样的理想化情形。在经济发展的不同阶段，总会出现物质资本投入要素的生产效率高于人力资本或者是人力资本投入要素的生产效率高于物质资本的相应情形。因此，中性技术进步的假设在大多数的情况下与中国的经济发展环境是不太相符合的。规模报酬不变则意味着在假设其他条件都不变的情况下，物质资本和人力资本投入要素按某一特定的比例同时增加或减少时，经济生产过程中的产出量也会随着人力资本和物质资本投入要素的增加或减少而等比例地增加或者减少。在规模报酬不变的假设条件下，要实现经济产出量的增加依赖于人力资本和物质资本按照一样的幅度增加。事实情况是规模报酬不变只是经济增长发展过程中的某个特定阶段或时刻。在大多数的情形下，规模报酬是会发生变化的。尤其是随着人力资本作为投入要素的影响力日趋增加，人力资本存量的不断增加会产生外部效应并促进技术进步和创新，从而为宏观经济增长带来规模报酬递增效应。可见，规模报酬不变的假设也并不是任何时候都符合中国经济发展的实际情况的。超越对数生产函数克服了一般生产函数中的上述这些缺憾，它放松了中性技术进步和规模报酬不变的这些假设前提，同时考虑了随时间变化的技术进步因素以及技术进步与人力资本和物质资本投入要素之间的互动关系，具有更为一般的生产函数形式，适用范围也更加广泛。

超越对数生产函数最早被 Christensen、Jorgenson 和 Lau（1973）三位经济学家用于探讨生产理论中的非同质性问题以及要素价格与投入量的二元性问题。他们所使用的方法就是引入新的生产可能性边界的概念，在生产函数这种对各类要素投入量以及产出量取对数之后再把要素投入量的对数值取自身的二次项或者是取不同要素投入量对数值的二次交叉项，并把以这种方式构建的生产函数形式作为生产边界，因为这些生产函数对任何可能的生产边界提供了局部的二阶近似。在 Christensen、Jorgenson 和 Lau（1973）研究的基础上，后来相关的研究者在生产函数中进一步加入了代表技术进步的时间变量 t 和 t 的平方及其时间变量 t 与其他投入要素的二次交叉项，如 Battese 和 Coelli（1995），这样新的生产函数形式中不但考虑了物质资本和人力资本这些投入要素自身的因素以及要素之间的影响机制，更为重要的是还把时间变量 t 作为一种要素，考察了技术进步自身的变化过程以及它与物质资本投入要素和人力资本投入要素之间的作用机制，从而进一步完善了超越对数生产函数的形式。本书采用的超越对数生产函数模型详见式（5.13）。

$$\ln y_t = \lambda_0 + \lambda_1 \ln h_t + \lambda_2 \ln k_t + \lambda_3 t + \lambda_4 \ln h_t \ln k_t + \lambda_5 t \ln h_t + \lambda_6 t \ln k_t + (1/2) \lambda_7 (\ln h_t)^2$$
$$+ (1/2) \lambda_8 (\ln k_t)^2 + (1/2) \lambda_9 t^2 \qquad (5.13)$$

式（5.13）中，$\ln y_t$ 代表的是历年国内生产总值的对数值；$\ln h_t$ 代表的是中国历年人力资本总量的对数值；$\ln k_t$ 代表的是中国历年物质资本存量的对数值；t 为时间变量，代表技术进步，把研究期间第一年即 1989 年的 t 值赋为 1，后面的年份按 2，3，4…依次加 1 的方式递增；$\ln h_t \ln k_t$ 代表的是每年人力资本投入要素和物质资本投入要素的交叉项；$t \ln h_t$ 代表的是时间项 t 与人力资本投入要素的交叉项；$t \ln k_t$ 代表的是时间变量 t 与物质资本投入要素的交叉项；$(\ln h_t)^2$ 为人力资本投入要素自身的平方项；$(\ln k_t)^2$ 为物质资本投入要素自身的平方项；t^2 为代表技术进步的时间变量 t 的平方项；λ_0 代表的是常数项；λ_i（$i=1$，2，3，…，9）分别代表的是模型中对应解释变量的待估参数。

根据式（5.13），可以分别计算出物质资本投入要素、人力资本投入要素以及代表技术变化的时间变量 t 的产出弹性，分别见式（5.14）、式（5.15）和式（5.16）。

$$a_{kt} = (dy_t/y_t) / (dk_t/k_t) = \lambda_2 + \lambda_4 \ln h_t + \lambda_6 t + \lambda_8 \ln k_t \qquad (5.14)$$

$$a_{ht} = (dy_t/y_t) / (dh_t/h_t) = \lambda_1 + \lambda_4 \ln k_t + \lambda_5 t + \lambda_7 \ln h_t \qquad (5.15)$$

$$a_t = \lambda_3 + \lambda_6 \ln k_t + \lambda_5 \ln h_t + \lambda_9 t \qquad (5.16)$$

从式（5.14）、式（5.15）和式（5.16）中可以看出，物质资本的产出弹性 a_{kt}、人力资本的产出弹性 a_{ht} 以及代表技术变化的时间变量 t 的产出弹性 a_t 都是随着时间的变化而发生变化的，也就是说都是可变弹性。如对于人力资本投入要素产出弹性 a_{ht}，其可变弹性的组成部分分别为 λ_1、$\lambda_4 \ln k_t$、$\lambda_5 t$ 和 $\lambda_5 \ln h_t$。其中，λ_1 表示人力资本存量直接投入生产过程中而形成的产出弹性；$\lambda_4 \ln k_t$ 代表的是人力资本存量的增加对同样为投入要素的物质资本产生影响而形成的产出弹性；$\lambda_5 t$ 代表的是人力资本存量的增加对技术进步产生影响而形成的产出弹性；而 $\lambda_7 \ln h_t$ 则可以理解为人力资本存量的增加对其自身产生影响而形成的产出弹性。由此可见，对于式

（5.15）而言，除了式子右边的第一项人力资本存量直接投入生产过程中而形成的产出弹性 λ_1 是不变的之外，等式右边的其他三项均是时变弹性，导致这四者之和形成的人力资本投入要素的产出弹性 a_{ht} 也是时变弹性。类似地，式（5.14）中物质资本投入要素的产出弹性 a_{kt} 和式（5.15）中代表技术变化的时间变量 t 的产出弹性 a_t 的构成与人力资本投入要素的产出弹性 a_{ht} 的构成十分相似。

时变弹性是超越对数生产函数区别于传统的柯布−道格拉斯生产函数以及一些其他形式的常弹性函数的一个明显特点。常弹性意味着在研究期间内，自变量变化一个单位时，因变量以一个固定的常数比例随之发生变化。很显然，常弹性的使用需要假设自变量和因变量的关系不受到外界其他因素的影响，两者一直靠某种固定比例的关系维系。而事实上，即便是一个十分稳定的经济系统，或多或少都难以避免外界因素的干扰。因此，基于超越对数生产函数的时变弹性就较好地解决了这个问题，可以测算出随时间变化的弹性，并且可以把发生变化的各个组成部分从总弹性中分离出来，使得本书的研究结果更贴近现实经济环境，更加具有可靠性。

由于本书主要测度的是研究期间内中国经济增长的素质红利效应，即主要探讨人力资本的影响力和贡献度。因此，在上面求出人力资本作为投入要素的产出弹性 a_{ht} 的以及分解后的各个组成部分 λ_1、$\lambda_4 lnk_t$、$\lambda_5 t$ 和 $\lambda_7 lnh_t$ 的产出弹性之后，便可以根据历年人力资本存量的变化情况和产出变化情况来估算它们对于经济增长的贡献值和贡献率。具体估算公式详见式（5.17）、式（5.18）、式（5.19）、式（5.20）和式（5.21）。

$$c_h = \left[(dh/h)(dy/y) \right] \times a_{ht} \times 100\% \qquad (5.17)$$

$$c_{hc} = \left[(dh/h)(dy/y) \right] \times \lambda_1 \times 100\% \qquad (5.18)$$

$$c_{hk} = \left[(dh/h)(dy/y) \right] \times (\lambda_4 lnk_t) \times 100\% \qquad (5.19)$$

$$c_{ht} = \left[(dh/h)(dy/y) \right] \times (\lambda_5 t) \times 100\% \qquad (5.20)$$

$$c_{hh} = \left[(dh/h)(dy/y) \right] \times (\lambda_7 lnh_t) \times 100\% \qquad (5.21)$$

$$c_h = c_{hc} + c_{hk} + c_{ht} + c_{hh} \qquad (5.22)$$

上述各式中，c_h、c_{hc}、c_{hk}、c_{ht} 和 c_{hh} 分别代表的是总的人力资本存量对

经济增长的贡献率以及其各个分解部分对于经济增长的贡献率。式（5.22）则表示出总的人力资本贡献率，也就是本书所指的素质红利效应 c_h 由其四个分解部分 c_{hc}、c_{hk}、c_{ht} 和 c_{hh} 之和构成。类似地，物质资本投入要素的贡献率也可以通过上述方式来估算得到，而技术进步带来的经济增长贡献率则可以表示为 1 与上述两类投入要素经济增长贡献率的差值。

5.3.1.2　偏最小二乘回归估算法

本书在估算各类投入要素的产出弹性过程中采用了偏最小二乘回归法。之所以采用偏最小二乘回归法进行产出弹性的估计，主要跟本书所采用的函数形式和数据特征有关。如前所述，本书采用了包含代表技术进步的时间变量 t 的超越对数生产函数。从式（5.13）中可以发现，该函数形式中除了包含人力资本投入要素、物质资本投入要素和时间变量 t 作为自变量外，还涵盖了这三个变量自身的平方项以及三个变量之间的二次交叉项。从模型中各个自变量的构成来看，这些变量相互之间势必会出现比较严重的多重共线性问题。如果直接采用常用的最小二乘法进行模型的估计，自变量之间存在的多重共线性问题违背了多元线性回归中最小二乘法有关不存在严重共线性的经典假设，所得到的估算结果便是失效的，不适合用于分析所研究的经济现象。多重共线性的解决方法既可以采用逐步回归法或者是通过经济意义上的分析去掉一些相对不重要的解释变量来改善，又可以通过提取主成分因子或者用差分的方法来解决。但是，以上方法对于本书采用的超越对数生产函数模型来说都是不合适的。可以用来解决超越对数生产函数模型的多重共线性问题的方法比较合适的是岭回归的方法和偏最小二乘回归法。岭回归和偏最小二乘回归法都是在最小二乘法的基础上做的一些调整，与最小二乘法的区别在于这两种方法均是一种有偏的多元回归方法，通过有偏回归来尽可能地降低回归方程中的多重共线性问题。在本部分的分析中将采取偏最小二乘回归法。岭回归估计过程中对于岭迹的判断具有一定的主观性，这就要求数据分析者具有较强的判断能力。更重要的是，偏最小二乘回归法能够处理回归方程中自变量个数相对较多，而模型样本数量相对偏少的问题，而这类问题在最小二乘回归中是无法解决的。这就体现出了偏最小二乘法的优势。

5.3.1.3　数据说明

要测算研究期间内我国经济增长过程中的素质红利效应，根据上述模型，主要涉及了三类数据。第一类数据是产出数据，也就是研究期间内历年的国内生产总值。第二类数据是历年的物质资本存量数据。第三类数据是历年人力资本存量数据。第一类数据可以从国家统计局公布的《中国统计年鉴》上获取到。第二类数据本书参照单豪杰（2008）对于物质资本存量的测算方法，假定历年的资本折旧率为 10.96%，并用历年的固定资本形成额来替代固定资产投资，以 1978 年为基期估算了改革开放以来的中国物质资本存量。第三类数据则是采用了前文对于按我国延迟后的法定退休年龄（男性 65 周岁、女性 65 周岁）的情形估算的人力资本存量结果，以更加真实地测算我国的人力资本总量以及其对经济增长的贡献率。另外，由于本书的研究期间为 1989—2011 年，因此对模型中所使用的所有数据以 1989 年作为基年做了平减处理。

5.3.2　经济增长的整体素质红利效应测度

根据前面对于测算模型和计量方法的阐述及所采用数据的说明，本部分按照相关方法测度了 1989—2011 年期间中国经济增长的素质红利效应，即在这一期间内由于人力资本存量的增加所带来的经济增长贡献率。下文将按照前文介绍的方法逐点展示测算过程及估算结果。

如前所述，为了了解超越对数生产函数模型中解释变量之间的多重共线性问题，本书先对各个解释变量的相关性进行了测算，测算结果见表 5-6。对表 5-6 中的数据分析可以发现，超越对数生产函数模型中各个解释变量之间的相关度较高。如果用普通 OLS 回归方法，回归结果中的方差膨胀因子 VIF 的值肯定在 10 以上，模型将不可避免地遇到多重共线性问题。鉴于此，本书在下一步中采用偏最小二乘回归法来估计超越对数生产函数模型中的各个解释变量的参数值。

表 5-6　超越对数生产函数模型各个解释变量间的相关性

	lk	lh	t	lhlk	tlh	tlk	lklk	lhlh	tt
lk	1.000								
lh	0.844	1.000							
t	0.978	0.873	1.000						
lhlk	0.940	0.975	0.956	1.000					
tlh	0.954	0.903	0.994	0.967	1.000				
tlk	0.973	0.869	0.999	0.952	0.995	1.000			
lklk	1.000	0.844	0.982	0.941	0.959	0.978	1.000		
lhlh	0.830	0.999	0.869	0.970	0.903	0.865	0.830	1.000	
tt	0.905	0.854	0.971	0.922	0.986	0.977	0.914	0.862	1.000

　　为了判断偏最小二乘回归法提取的成分个数，本书对被解释变量的交叉有效性进行了分析，相关数据结果见表 5-7。在表 5-7 中，第 2 列 Q2VY 代表的是用偏最小二乘法提取的每一成分对于被解释变量的交叉有效性，第 3 列 Q2VY（cum）代表的则是使用多个已抽取的成分建模所得到的交叉有效性的累积值，如成分 2 对应的 Q2VY（cum）值代表的就是用成分 1 和成分 2 这两个成分来建模可以得到的交叉有效性。根据偏最小二乘回归法成分数据的判定原则，当第 2 列变量 Q2VY 代表的每一成分对于被解释变量的交叉有效性小于 0.0975 时，引进这一成分对于提高所构建的模型质量的作用并不大，因此不建议引入该成分。依据上述判定原则，成分 3 对于被解释变量的交叉有效性为 0.0622，小于引入模型的临界值 0.0975，不适合引入到模型中。对于成分 1 和成分 2，其对于因变量的交叉有效性值分别为 0.9890 和 0.9085，均大于引入模型的临界值 0.0975，因此两个成分都可以引入到该模型中。但是从表 5-7 的第 3 列 Q2VY（cum）代表的交叉有效性的累积值可以发现，在成分 1 的基础上再引入成分 2 只会使被解释变量的交叉有效性增加程度非常小，只有 0.01。鉴于以上分析，本书采用偏最小二乘回归法对所建立的超越对数生产函数模型进行估计时只引入一个成分，即成分 1。

表 5-7　被解释变量的交叉有效性分析

	Q2VY	Q2VY(cum)
成分 1	0.9890	0.9890
成分 2	0.9085	0.9990
成分 3	0.0622	0.9991

在此基础上，可以得到用偏最小二乘回归法估算所得的模型回归系数。整个模型的拟合优度 R 方值为 0.9895，说明所建回归模型能较好地拟合样本数据。具体回归方程详见式（5.23）。

$$\ln y_t = 6.7606 + 0.131\ln h_t + 0.1086\ln k_t + 0.0114t + 0.0078\ln h_t\ln k_t + 0.0016t\ln h_t$$
$$+ 0.0009t\ln k_t + 0.0106\,(\ln h_t)^2 + 0.0050\,(\ln k_t)^2 + 0.0005t^2 \qquad (5.23)$$

根据已经用偏最小二乘法估算出的超越对数生产函数回归方程式（5.23），就可以根据式（5.14）、式（5.15）和式（5.16）分别求出模型中物质资本投入要素、人力资本投入要素和代表技术进步的时间变量 t 的产出弹性及其分解弹性。根据本书研究的需要，表 5-8 报告了研究期间内物质资本投入要素、人力资本投入要素和代表技术进步的时间变量 t 的产出弹性；表 5-9 则报告了 1989—2011 年这一期间内构成人力资本投入要素产出弹性的四个分解部分的产出弹性。

在表 5-8 中，a_h、a_k 和 a_t 分别代表人力资本投入要素的产出弹性、物质资本投入要素的产出弹性和代表技术进步的时间变量 t 的产出弹性。从表中显示的数据可以发现，除了人力资本投入要素的产出弹出少数几个年份略有小幅波动之外，这三类投入要素的产出弹性都是随着时间的推进呈现出上升的趋势。其中，人力资本投入要素从 1989 年的 0.3194 增至 2011 年的 0.4113；物质资本投入要素 1989 年的产出弹性为 0.2474，2011 年的产出弹性则达到了 0.3030，物质资本投入要素的产出弹性同样得到了提升。代表技术进步的时间变量 t 的产出弹性则从 1989 年的 0.0295 提高至 2011 年的 0.0542。另一方面，从三类投入要素的历年横向比较来看，人力资本投入要素的产出弹性值最大，而代表技术进步的时间变量 t 的产出弹性最小，物质资本投入要素的产出弹性大小则介于上述两者之间。下面进一步分析构成人力资本投入要素产出弹性的各个组成部分。

表 5-8　1989—2011 年期间各投入要素产出弹性

年份	a_h	a_k	a_t
1989	0.3194	0.2474	0.0295
1990	0.3220	0.2489	0.0304
1991	0.3262	0.2518	0.0316
1992	0.3337	0.2564	0.0330
1993	0.3410	0.2610	0.0344
1994	0.3478	0.2649	0.0357
1995	0.3534	0.2682	0.0370
1996	0.3590	0.2713	0.0382
1997	0.3677	0.2752	0.0397
1998	0.3655	0.2754	0.0403
1999	0.3636	0.2755	0.0410
2000	0.3651	0.2770	0.0419
2001	0.3649	0.2780	0.0427
2002	0.3698	0.2811	0.0439
2003	0.3750	0.2846	0.0451
2004	0.3753	0.2860	0.0460
2005	0.3784	0.2876	0.0470
2006	0.3836	0.2899	0.0481
2007	0.3910	0.2932	0.0495
2008	0.3960	0.2960	0.0507
2009	0.4042	0.2991	0.0521
2010	0.4090	0.3014	0.0532
2011	0.4113	0.3030	0.0542

与表 5-8 类似，变量 a_h 在表 5-9 中依旧是历年人力资本投入要素的产出弹性，而变量 a_d、a_{hh}、a_{hk} 和 a_{ht} 分别代表人力资本投入要素产出弹性的四个组成部分，即人力资本存量直接投入生产过程中而形成的不变产出弹性、人力资本存量的增加对其自身产生影响而形成的产出弹性、人力资本存量的增加对同样为投入要素的物质资本产生影响而形成的产出弹性以及人力资本存量的增加对技术进步产生影响而形成的产出弹性。从表 5-9 中显示的数据可以发现，除了直接投入产出弹性 a_d 为常弹性在研究期间内保持不变以外，人力资本投入要素产出弹性的其他三个组成部分与总的人力资本投入要素产出弹性的趋势是保持一致的，在整体上都呈现出上升趋势。其中，人力资本投入要素自身作用的产出弹性 a_{hh} 从 1989 年的 0.1099

增长至 2011 年的 0.1500，在 2006 年首次超过了同一年度的常弹性值并在 2006 年之后一直保持这种趋势。人力资本投入对物质资本产生影响的产出弹性 a_{hk} 从 1989 年的 0.0768 上升至 2011 年的 0.0934，而人力资本投入对技术进步产生影响的产出弹性 a_{ht} 则从 1989 年的 0.0016 提高到了 2011 年的 0.0368。从人力资本投入要素产出弹性四个组成部分的横向比较来看，人力资本投入的直接产出弹性 a_d 一直保持 0.1311 不变，其弹性值相对较高。人力资本投入要素自身作用的产出弹性 a_{hh} 在研究期间内经历了从低于产出弹性 a_d 到高于产出弹性 a_d 的过程。人力资本投入对物质资本产生影响的产出弹性 a_{hk} 值的大小排在四个组成部分中的第三位，而人力资本存量的增加对技术进步产生影响而形成的产出弹性 a_{ht} 的值则是最小的。

表 5-9　1989—2011 年期间人力资本投入要素产出弹性分解

年份	a_h	a_d	a_{hh}	a_{hk}	a_{ht}
1989	0.3194	0.1311	0.1099	0.0768	0.0016
1990	0.3220	0.1311	0.1106	0.0770	0.0032
1991	0.3262	0.1311	0.1121	0.0782	0.0048
1992	0.3337	0.1311	0.1163	0.0799	0.0064
1993	0.3410	0.1311	0.1203	0.0816	0.0080
1994	0.3478	0.1311	0.1242	0.0829	0.0096
1995	0.3534	0.1311	0.1272	0.0839	0.0112
1996	0.3590	0.1311	0.1303	0.0847	0.0128
1997	0.3677	0.1311	0.1370	0.0852	0.0144
1998	0.3655	0.1311	0.1325	0.0859	0.0160
1999	0.3636	0.1311	0.1285	0.0865	0.0176
2000	0.3651	0.1311	0.1276	0.0872	0.0192
2001	0.3649	0.1311	0.1250	0.0880	0.0208
2002	0.3698	0.1311	0.1271	0.0891	0.0224
2003	0.3750	0.1311	0.1294	0.0905	0.0240
2004	0.3753	0.1311	0.1269	0.0916	0.0256
2005	0.3784	0.1311	0.1284	0.0917	0.0272
2006	0.3836	0.1311	0.1318	0.0919	0.0288
2007	0.3910	0.1311	0.1373	0.0921	0.0304
2008	0.3960	0.1311	0.1401	0.0928	0.0320
2009	0.4042	0.1311	0.1469	0.0926	0.0336
2010	0.4090	0.1311	0.1498	0.0929	0.0352
2011	0.4113	0.1311	0.1500	0.0934	0.0368

在测算出各类投入要素历年产出弹性后，便可以根据式（5.17）至式

（5.21）计算出 1989—2011 年期间人力资本投入要素对经济增长所起到的作用，即中国经济增长的素质红利效应。表 5-10 报告了这一研究期间内历年的素质红利效应及其分解。

在表 5-10 中，变量 $C(a_h)$ 代表的研究期间内历年人力资本投入要素对中国经济增长的贡献率，即 1989—2011 年期间中国经济增长的总的素质红利效应，而其余四个变量 $C(a_d)$、$C(a_{hh})$、$C(a_{hk})$ 和 $C(a_{ht})$ 则分别代表了其四个组成部分的素质红利效应。从表 5-10 中显示的数据我们可以发现，1990—2011 年期间中国经济增长的素质红利效应存在着较大的波动，少数几个年份存在着负值。与总的素质红利效应类似，其四个分解的红利效应在这一期间也存在着上下波动的趋势。从这一期间的平均红利效应来看，1990—2011 年期间中国经济增长的平均素质红利效应为 32.23%，即人力资本对经济增长的年均贡献率为 32.23%。其中，四个组成部分中的年均直接红利效应为 11.29%；人力资本通过作用于自身产生的年均红利效应为 11.58%，为四个组成部分中的最大值；人力资本通过作用于物质资本产生的年均红利效应为 7.53%；人力资本通过作用于技术进步产生的年均红利效应则为 1.83%，是四个组成部分中的最低值。鉴于中国人口和经济发展的不同状态，本书素质红利的测算过程中把 1990—2011 年这一研究范围划分为两个不同的阶段，即第一个阶段为 1990—1999 年、第二个阶段为 2000—2011 年。

从分阶段的情况来看，第一个阶段即 1990—1999 年期间中国经济增长的平均素质红利效应为 28.97%，即人力资本对经济增长的年均贡献率为 28.97%。其中，四个组成部分中的年均直接红利效应为 11.10%，为四个组成部分中的最大值；人力资本通过作用于自身产生的年均红利效应为 10.47%；人力资本通过作用于物质资本产生的年均红利效应为 6.84%；人力资本通过作用于技术进步产生的年均红利效应则为 0.57%，是四个组成部分中的最低值。

第二个阶段即 2000—2011 年期间中国经济增长的平均素质红利效应为 34.95%，即人力资本对经济增长的年均贡献率为 34.95%。其中，四个

组成部分中的年均直接红利效应为 11.46%；人力资本通过作用于自身产生的年均红利效应为 12.51%，为四个组成部分中的最大值；人力资本通过作用于物质资本产生的年均红利效应为 8.11%；人力资本通过作用于技术进步产生的年均红利效应则为 2.87%，是四个组成部分中的最低值。比较两个阶段的素质红利效应可以发现，第二阶段 2000—2011 年期间总的年均素质红利效应和四个组成部分的年均素质红利效应与第一阶段 1990—1999 年的对应值相比均得到了提升。其中增加幅度最大的为人力资本通过作用于技术进步产生的年均红利效应，由第一阶段 0.57% 的年均素质红利增长至第二阶段 2.87%。

表 5-10　1989—2011 年期间中国经济增长的素质红利效应

（单位：%）

年份	$C(a_h)$	$C(a_d)$	$C(a_{hh})$	$C(a_{hk})$	$C(a_{ht})$
1990	28.35	11.54	9.74	6.78	0.28
1991	26.02	10.46	8.94	6.24	0.38
1992	50.64	19.90	17.65	12.12	0.97
1993	50.86	19.55	17.94	12.17	1.19
1994	54.24	20.44	19.37	12.93	1.50
1995	48.13	17.85	17.32	11.43	1.53
1996	58.05	21.20	21.08	13.70	2.07
1997	146.35	52.18	54.54	33.90	5.73
1998	−90.40	−32.43	−32.77	−21.25	−3.96
1999	−82.49	−29.74	−29.14	−19.62	−3.99
2000	−17.78	−6.39	−6.21	−4.25	−0.94
2001	−50.25	−18.05	−17.21	−12.12	−2.86
2002	43.08	15.28	14.81	10.39	2.61
2003	41.27	14.43	14.24	9.96	2.64
2004	−39.96	−13.96	−13.52	−9.75	−2.73
2005	23.16	8.02	7.86	5.62	1.66
2006	53.83	18.40	18.50	12.89	4.04
2007	81.44	27.31	28.61	19.19	6.33
2008	57.51	19.04	20.34	13.48	4.65
2009	165.34	53.63	60.08	37.89	13.74
2010	57.96	18.58	21.23	13.17	4.99
2011	3.81	1.21	1.39	0.86	0.34
1990—1999	28.97	11.10	10.47	6.84	0.57
2000—2011	34.95	11.46	12.51	8.11	2.87
1990—2011	32.23	11.29	11.58	7.53	1.83

5.3.3 各地区平均受教育程度分析

为了进一步了解经济增长过程中区域素质红利可能产生的差异，本部分对全国 31 个省、市、自治区 2000—2016 年间的平均受教育程度进行了测算和分析，具体见表 5-11。

从表 5-11 可以发现，各省份 2000—2016 年的平均受教育程度虽然略有波动，但总体上呈现出上升的趋势。研究期间内历年平均受教育程度最高的是北京市，自 2000 年起平均受教育程度就在 10 年及以上，2016 年增至 12.4 年。第二是上海市，2000 年的平均受教育程度是 9.3 年，2016 年增至 10.9 年。第三是天津市，2000 年其平均受教育程度为 8.9 年，2016 年增至 10.6 年。研究期间内历年平均受教育程度偏低的有贵州、云南、西藏、甘肃、青海这几个省、自治区，2000 年的平均受教育程度均在 6.5 年及以下，2016 年的平均受教育程度均要低于 8.5。尤为值得关注的是，西藏在全国 31 个省、市、自治区中研究期间内的平均受教育程最低，也是增幅最大的地区，从 2000 年的 3.4 年增至 2016 年的 5.1 年，增幅为 50.74%。

从东、中、西部的划分来看，虽然各个地区在 2000 年至 2016 年期间均出现了小幅波动，但整体上都呈现出上升趋势，而且每一年份三个地区平均受教育程度从高到低依次是东部地区、中部地区、西部地区，这与三个地区的经济发展水平存在着一定的正相关性，在一定程度上体现出不同地区素质红利的差异。东部地区的变化范围在 8.2~9.8 之间，中部地区的变化范围在 7.8~9.1 之间，西部地区的变化范围在 6.7~8.3 之间。

表 5-11 2000—2016 年期间各地区的平均受教育程度

年份 地区	2000	2001	2002	2003	2004	2005	2006	2007	2008	2009	2010	2011	2012	2013	2014	2015	2016
北京	10.0	10.3	10.3	10.4	10.6	10.7	11.0	11.1	11.0	11.2	11.5	11.6	11.9	12.1	11.9	12.1	12.4
天津	8.9	8.8	9.1	9.2	9.6	9.5	9.7	9.8	9.8	10.0	10.1	10.3	10.4	10.5	10.4	10.5	10.6
河北	7.7	7.7	8.0	8.3	8.3	8.1	8.1	8.1	8.3	8.4	8.8	8.6	8.7	8.9	8.8	9.0	8.9
山西	8.0	8.1	8.2	8.4	8.4	8.4	8.7	8.7	8.8	8.8	9.2	9.1	9.3	9.3	9.2	9.6	9.6
内蒙古	7.7	7.7	7.9	7.7	8.1	8.2	8.2	8.3	8.3	8.5	8.9	9.2	9.2	9.0	8.9	9.3	9.6
辽宁	8.4	8.2	8.4	8.9	8.8	8.7	8.9	8.9	9.0	9.2	9.4	9.4	9.8	10.0	9.8	9.8	9.9
吉林	8.2	8.5	8.6	8.7	8.8	8.4	8.6	8.7	8.9	8.9	9.2	9.1	9.2	9.4	9.3	9.3	9.4
黑龙江	8.2	8.2	8.3	8.4	8.5	8.2	8.5	8.7	8.7	8.7	9.1	9.1	9.2	9.4	9.3	9.3	9.3
上海	9.3	9.4	9.6	10.1	10.1	10.0	10.1	10.4	10.5	10.6	10.5	10.5	10.6	10.5	10.8	10.9	10.9

年份 地区	2000	2001	2002	2003	2004	2005	2006	2007	2008	2009	2010	2011	2012	2013	2014	2015	2016
江苏	7.8	7.7	7.6	7.7	7.8	8.1	8.2	8.4	8.4	8.5	9.1	9.1	9.2	9.4	9.3	9.4	9.4
浙江	7.4	7.3	7.7	7.7	7.9	7.6	8.0	8.1	8.2	8.4	8.6	8.8	9.1	9.3	9.0	8.9	9.0
安徽	7.0	7.1	7.0	7.6	7.5	7.0	7.3	7.2	7.4	7.6	8.1	8.2	8.5	8.7	8.7	8.7	8.5
福建	7.5	7.6	7.4	7.6	7.5	7.5	7.7	7.7	7.8	8.3	8.8	8.5	8.6	8.7	8.8	8.8	8.7
江西	7.5	7.7	7.5	8.3	8.0	7.5	7.7	8.2	8.2	8.5	8.5	8.7	8.8	9.2	8.8	8.8	8.7
山东	7.6	7.8	8.1	7.8	7.9	7.7	8.1	8.2	8.3	8.3	8.7	8.6	8.7	8.9	8.9	9.0	9.0
河南	7.7	8.0	8.1	8.0	8.2	8.0	8.1	8.3	8.4	8.4	8.6	8.7	8.6	8.7	8.9	8.8	8.8
湖北	7.7	7.9	7.3	7.9	8.1	7.8	8.2	8.4	8.5	8.5	9.0	9.0	9.2	9.3	9.1	9.3	9.2
湖南	7.8	7.9	7.9	8.0	8.1	8.0	8.1	8.4	8.4	8.4	8.9	8.8	8.7	8.9	9.0	9.2	9.3
广东	8.0	7.7	8.1	8.0	8.1	8.3	8.4	8.6	8.7	8.8	9.2	9.3	9.3	9.2	9.2	9.4	9.5
广西	7.6	7.6	7.6	7.7	8.0	7.6	8.0	8.0	8.0	8.1	8.4	8.6	8.4	8.6	8.7	8.6	8.7
海南	7.7	7.5	7.9	8.2	8.4	8.1	8.1	8.3	8.3	8.4	8.9	8.8	9.1	9.1	9.1	9.1	9.1
重庆	7.3	7.3	7.4	7.7	7.2	7.4	7.6	7.7	7.8	7.9	8.5	8.7	8.6	8.6	8.9	8.9	9.0
四川	7.0	7.2	7.3	7.4	7.4	6.8	7.2	7.4	7.5	7.7	8.1	8.2	8.4	8.4	8.3	8.4	8.3
贵州	6.1	6.5	6.7	6.9	7.0	6.4	6.6	6.8	7.0	7.1	7.4	7.5	7.6	8.0	8.0	7.7	7.7
云南	6.3	6.2	6.1	6.0	6.8	6.4	6.7	6.8	6.9	6.9	7.5	7.7	7.8	7.8	7.8	8.0	7.9
西藏	3.4	4.1	4.3	3.9	4.4	3.7	4.2	4.6	4.7	4.5	5.2	5.5	5.1	4.4	4.2	5.3	5.1
陕西	7.7	7.6	7.4	8.1	8.2	8.1	8.1	8.4	8.5	8.6	9.1	8.9	9.1	9.3	9.1	9.2
甘肃	6.5	6.7	6.8	7.2	7.2	6.8	6.8	7.0	7.1	7.3	8.0	8.1	8.2	8.3	8.3	8.4	8.4
青海	6.1	6.0	6.3	6.7	6.8	6.7	7.0	7.2	7.2	7.4	7.6	7.7	7.6	7.9	8.0	7.5	7.7
宁夏	7.0	7.3	7.4	7.3	7.7	7.3	7.6	7.8	8.1	8.2	8.5	8.3	8.3	8.7	8.5	8.8	9.1
新疆	7.7	8.0	8.3	8.3	8.4	8.2	8.3	8.5	8.5	8.6	8.9	9.1	9.0	8.9	9.1	9.0	9.0
东部	8.2	8.2	8.4	8.5	8.6	8.6	8.8	8.9	9.0	9.1	9.4	9.5	9.6	9.7	9.6	9.7	9.8
中部	7.8	7.9	7.9	8.2	8.2	7.9	8.2	8.3	8.4	8.5	8.8	8.8	8.9	9.1	9.0	9.1	9.1
西部	6.7	6.8	7.0	7.1	7.3	7.0	7.2	7.4	7.5	7.6	8.0	8.1	8.1	8.1	8.2	8.3	8.3

5.3.4　简要结论

本书通过建立超越对数生产函数模型，并采用偏最小二乘回归法的计量方法，测算了 1989—2011 年期间中国经济增长过程中各项投入要素的产出弹性以及构成人力资本投入要素产出弹性的各个组成部分的分解弹性。以此为基础，测算了研究期间内人力资本对中国经济增长的贡献率即 1990—2011 年期间中国经济增长的素质红利效应以及构成总的素质红利效应的各个组成部分红利值的大小。研究发现，虽然整个期间内经济增长的素质红利在不断地波动，但是从整体上来看，我国在这一期间内收获的平均素质红利并不低，大致在 30% 左右。在其四个组成部分中，人力资本的直接年均红利效应和人力资本通过作用于自身产生的年均红利效应的值较为类似，大概在 10% ～ 13% 的范围内。人力资本通过作用于物质资本产生的年均红利效应相对要小些，大概在 6% ～ 9% 的范围内。人力资本通过作用于技术进步产生的年均红利效应最小，大概在 0.5% ～ 3% 的范围内。同时，本部分还对 2000—2016 年间全国 31 个省、市、自治区的平均受教育程度进行了测算和分析，以进一步了解区域素质红利可能存在的差异。

从上述测算结果中可以得到以下几点结论：第一，人力资本作为投入要素作用于经济发展过程可以产生促进中国经济增长的素质红利。从整体上看，随着人力资本存量的增加这一素质红利效应也在增大。第二，素质红利效应的产生有多种渠道。人力资本既可以通过投入要素自身作用于经济发展过程带来素质红利效应，也可以通过作用于其他投入要素如物质资本来产生素质红利效应，还可以通过促进技术创新和进步，并通过技术进步在经济发展中发挥作用来产生素质红利效应。第三，素质红利效应的构成部分之一，即人力资本通过作用于技术进步产生的红利效应大幅增加，说明人力资本通过作用于技术进步来促进经济增长的渠道开始发挥越来越重要的作用。

第6章 主要结论、政策含义及研究展望

6.1 主要研究结论

人口转变过程中形成的"两头小，中间大"的劳动年龄结构优势会给一个国家或地区的经济增长和发展带来潜在的正面影响，这种人口优势配以合适的制度安排就会形成人口红利。中国自20世纪70年代末起实施了控制人口数量的计划生育政策，使得这一劳动力优势提前到来。同时，我国对于不同时期劳动力流动政策的调整，促进剩余劳动力在三次产业之间转移，可以缓解剩余劳动力失业和空缺岗位并存的局面，同样可以给经济发展带来红利效应。除以上两点之外，劳动者受教育水平的提高、工作经验的增加以及技能的提升等不同形式的人力资本存量的积累不但有利于提高劳动力自身的生产效率，而且还有助于促进技术创新和进步，毋庸置疑，势必会促进我国的经济发展。同时，我国不同地区之间收获人口红利还存在着一定的差异。如何尽可能地缩小这些差异，促进区域可持续发展，也是需要关注的重要问题。因此，有必要探讨现有人口政策下我国经济增长过程中收获的红利效应大小以及未来如何缩小区域差异以获取到更多的人口红利。

本研究以三维红利概念为基础，采用了CHNS（中国家庭营养健康调查）数据并从《新中国六十五年统计资料汇编》《中国统计年鉴》《中国教育

统计年鉴》《中国劳动统计年鉴》《中国人口和就业统计年鉴》等国家相关统计部门已公布统计资料中的相关宏观经济数据，通过理论分析与实证研究相结合的方式从数量红利、结构红利和素质红利这三个维度探讨我国的人口红利效应。本次研究取得了比较有意义的结论，值得进一步探讨。通过对全书的研究内容进行整理，本研究的主要结论和发现有以下几点。

第一，计量分析发现，劳动年龄结构优势所带来的人口数量红利效应的确存在。随着人口出生率的降低，劳动年龄结构优势逐步减小，人口数量红利效应在减弱。

劳动年龄结构优势是指人口年龄结构中劳动年龄人口比重较高而需要抚养的少儿人口和老年人口比重较低，从而具有较多数量年轻劳动力的情形。丰富的年轻劳动力资源可以为一个国家或地区的经济增长提供充足的劳动力供给。人口数量红利效应就主要来源于经济发展过程中充分利用这种劳动年龄结构优势，通过吸收剩余劳动力填补空缺岗位来增加产出从而进一步促进本国或本地区的经济发展。通过实证分析可以发现，由于劳动年龄结构优势被得以有效利用，我国自改革开放以来经济增长过程中的人口数量红利效应确实是存在的。1978—2016年由劳动年龄结构优势的有效利用所带来的人口数量红利效应约为6.07%。但是随着时间的流逝，很大一部分具有优势的劳动年龄人口逐渐退出劳动力市场并进入老年人口行列，而人口出生率则进一步降低或维持在较低的水平，导致原先具有的劳动年龄结构优势逐步在减弱。中国的劳动年龄人口比重自改革开放以来除少数几个年份以外一直呈上升态势，直至2010年。但是自从2011年起劳动年龄人口比重连续三年出现了小幅的下降，由此导致我国经济增长过程中的人口数量红利效应也在逐渐减弱。这可以从分阶段的人口数量红利上看出：在1978—1999年这一期间，劳动年龄人口比重增长带来了我国经济增长过程中7.30%的人口数量红利效应；而在2000—2016年这一期间，劳动年龄人口比重增长则只产生了我国经济增长过程中4.65%的人口数量红利效应。虽然同第一阶段相比下降幅度并不大，但是可以看出随着低人口出生率下劳动年龄结构优势的逐步变小，我国经济增长过程中的人口数量红利效应呈现出逐渐减弱的态势。从区域数量红利来看，2016 年东、中、西部的劳动年龄人口比重增长率均为负值，这进一步印证了劳动年龄人口的逐年减少对我国数量人口红利的获取产生了负面影响。

第二，计量分析发现，劳动力在三次产业间转移能够产生三次产业内部的增长效应和三次产业间的结构红利效应。劳动力在不同产业间的转移确实会对劳动生产率的提升起到积极作用，在经济增长过程中实现人口结构红利。

劳动力在三次产业间转移，尤其是第一产业的剩余劳动力向第二、三产业转移，会使劳动力过剩产业的剩余劳动力资源得到某种程度的释放，劳动力缺乏产业的空缺岗位得到一定程度的弥补，从而使劳动力的配置结构得到优化。无论是剩余劳动力资源得到部分释放的产业还是空缺岗位得到一定填补的产业，其产业内部的劳动生产率均会因为剩余劳动力的释放或空缺岗位的填补而得到提升，由此获得产业内部的经济增长效应。劳动力在三次产业间转移，当劳动力从较低生产率的产业向较高生产率的产业转移时，会给整个国家或地区的经济增长带来静态转移效应。而当劳动力在生产率增长率水平高低不同的产业之间流动时，由低向高的流动趋势则会给整个国家或地区的经济增长带来动态转移效应。由劳动力在三次产业间转移形成的静态效应和动态效应共同构成了三次产业间的结构效应，这种结构正效应有利于促进整个国家或地区的经济增长。由此可见，劳动力转移所形成的三次产业内部增长效应和三次产业间结构效应的确会对一个国家或地区总劳动生产率的提升起正向的促进作用，从而在经济增长过程中实现人口结构红利。

除了从产业内部增长效应和产业间的静态和动态转移效应视角考察劳动力在不同产业间转移对总的平均劳动生产率提升的作用之外，本研究还基于 shift-share 法对全国三十一个省、市、自治区以及东、中、西部 2000-2016 年间期三次产业的内部增长效应、静态转移效应和动态转移效应进行了测算和分析。研究发现，除了内蒙古和湖北两个省份，研究期间内全国其他省、市、自治区的静态转移校园均为正数。但是，动态转移效应为负值的省份则上升至 9 个。基于东、中、西的研究发现，东部地区和西部地区的静态转移效应和动态转移效应均十分接近。其中，东部地区的静态转移效应和动态转移效应分别为 0.14 和 0.15。西部地区的态转移效应和动态转移效应则分别为 0.21 和 0.24。但是，中部地区的动态转移效应则出现了负值。总之，无论是单一的静态转移效应、动态转移效应，还是汇总的结构效应，都呈现出西部地区最高，东部地区次之，中部地区最低的现象。可见，西部地区吸引了部分外流的劳动力返乡，尤其是从邻近的中部地区回流至流出地。究其原因，这种现象的出现离不开 2000 年以来随着国家对于西部发展战略的进一步推进和多项针对西部地区优惠政策的出台。

第三，理论分析显示，人力资本能够通过提升劳动生产率和促进技术进步两种主要渠道实现经济增长的素质红利效应。通过建立超越对数生产函数模型发现，人口素质红利随着人力资本的进一步积累呈现出扩大的趋势。

理论分析发现，人力资本作用于经济增长过程有直接作用和间接影响两种形式。人力资本应用于生产过程既能够实现自身劳动生产率的提高，又能够通过"干中学"的溢出效应提升整个部门的劳动生产率。劳动生产率的提升有助于实现一定程度的经济增长，这是经济增长过程中获取素质红利的渠道之一。不可忽视的另一个方面是，人力资本的不断积累还会引发对更具有生产效率的新技术和新方法的探讨，从而带来对先进技术的模仿和新技术的创新。新技术、新方法的创造以及广泛应用于生产过程，势必会带来新一波的经济增长大潮。这是经济增长过程中获取素质红利的第二种方式。可见，经济增长过程中的素质红利效应能否实现主要依赖于人力资本对经济增长的上述两种作用机制。人口素质红利测算过程中首先基于调整后的终生收入法估算包含受教育水平和工作经验两个维度的人力资本存量。研究发现，我国现行人力资本存量并不低。按照当前的退休年龄测算的人力资本存量存在被低估的情况。若未来推迟法定退休年龄，我国的人力资本存量将会更为丰富。这主要是因为随着人均预期寿命的延长，越来越多的劳动者在正式退休之后都选择了以多种方式重新进入劳动力市场，并继续活跃在他们擅长的工作岗位上。与其他相同受教育水平的未退

休劳动者相比，由于这部分已退休劳动者在多年的岗位上积累了丰富的工作经验，人力资本水平也相对较高。而按法定退休年龄测算的人力资本存量显然忽略了这部分劳动者的人力资本存量，这会造成对我国人力资本存量水平的低估。出于这一点的考虑，本研究按照男性 60 周岁、女性 60 周岁同龄退休和男性 65 周岁、女性 65 周岁同龄退休两种情况进一步测算了我国的人力资本存量水平。结果显示，如果按照第一种情况男性 60 周岁、女性 60 周岁同龄退休，随着女性退休年龄的延长，女性人力资本存量水平得以提升，总体人力资本水平也相应地得到提高。少数年份还出现了女性人力资本存量水平高于男性的情况。如果按照第二种情况男性 65 周岁、女性 65 周岁同龄退休，男女性的退休年龄同时得到延长，分性别的人力资本存量水平和人力资本总量均实现了增长。大部分年份的女性人力资本存量水平超过了男性。由此可见，适当延迟我国现行法定退休年龄有利于更加真实地反映出我国的人力资本存量水平。其次，利用已经估算出的历年中国人力资本存量数据，本书通过建立超越对数生产函数模型测量了1989—2011 年期间中国经济增长过程中所收获的人口素质红利。研究发现，人力资本对经济增长的直接作用和间接影响均能够实现人口素质红利。通过人力资本直接作用而产生的人口素质红利相对较大，而通过人力资本作用于技术进步而产生的人口素质红利相对较小。但是，随着人力资本的不断积累，通过人力资本作用于技术进步来获取的人口素质红利逐渐开始发挥日益重要的作用。通过对 2000—2016 年全国 31 个省、市、自治区平均受教育程度的分析发现，东部地区的历年平均受教育程度最高，其次是中部，最后是西部。这必将对区域人口素质红利的获取产生影响，造成三个地区素质人口红利的差异。

6.2　政策含义

人口年龄结构优势产生于人口转变过程的一个特定阶段。随着人口转变的进一步推进，人口年龄结构会相应地发生变化，原先所具有的优势会逐渐转弱甚至是趋于消失。人口红利最初来源于劳动力的年龄结构优势。如何延长人口红利的存续期是诸多学者关心的话题。本研究基于拓展的三维人口红利概念展开分析，探讨了区域协调发展视角下的三维人口红利问题。本研究蕴含的政策含义有以下几个方面的内容。

第一，继续优化生育配套措施、鼓励按生育政策生育是延长人口年龄结构优势的持续期并由此获取人口数量红利的主要渠道。伴随着中国人口转变的进程，与之相配套的人口调控政策已出台并实施。首当其冲的是我国的计划生育政策，它的出台和有效实施在较短的时间内降低了人口的出生率，对当时庞大的人口规模控制起到了十分重要的作用。与此同时，随着前期高出生率下积累的少儿人口逐步迈入劳动年龄，中国的人口转变进程得以加速，整个社会相对年轻的人口年龄结构优势得以提前实现，这为我国人口数量红利的获取提前提供了良好的环境。伴随着人口转变进程的持续推进，中国的人口政策也随之进行了几次大的变动，从考虑农村地区特殊情况的"一孩半"政策，到在全国范围内实施的"单独二孩"政策和全面二孩政策。尤其是全面二孩政策，已成为当前的热点话题。全面二孩政策的放开，在一定程度上会提升整个社会的生育。经过几十年的发展，潜在和现实的劳动力数量势必会能够得到增长。因此，整个社会总抚养比在较长一段时间内将继续保持较低的水平，人口数量红利在未来的一段时间内将继续存在。不容忽视的是，伴随着全面二孩政策的放开，一系列配套措施如孕产妇及婴幼儿的各种医疗保障、0到3岁婴幼儿的照料托育问题以及未来的各级教育政府相关部门应予以优化完善，从而提升潜在劳动力资源的质量，促进更多人口红利的获取。

第二，继续推进剩余劳动力在不同区域和三次产业之间的自由流动，由此实现不同区域、产业之间劳动要素的合理化配置，提高资源配置效率，弥补劳动年龄结构优势逐步变弱的遗憾，从结构红利维度充实人口红利。与促进劳动力产业和地区转移的相关政策和做法大致包括四点。

一是继续推进我国"以人为本"的新型城镇化建设，实现经济的高质量发展。新型城镇化建设的前提和基础在于剩余劳动力在不同区域和产业间的有效流动，这也成为中国实现经济良好发展的关键条件。据国家统计局公布的数据显示，2018年我国的城镇人口为83137万人，占总人口比重为59.58%，该占比比2013年提升了5.85%[①]。由此可知，当前中国农村依旧有一部分劳动力处于闲置状态。为了实现这部分剩余劳动要素的有效配置，有必要继续推进我国的新型城镇化建设进程，从而实现中国经济的高质量发展。

二是通过产业结构优化升级提高资源配置效率。产业结构优化升级包含产业结构合理化和产业结构高级化两部分。产业结构合理化会改善作为生产要素的劳动力和资本的错配状况，使更多的潜在劳动力转换为现实的劳动力投入到生产过程中。产业结构高级化则有利于提升配置效率和劳动生产效率。因此，产业结构合理化和产业结构高级化都会促进人口红利的收获并最终促进经济水平的提高。

三是建立转移劳动力的城市公共服务保障体系。在这一方面，首当其冲的应该是要创造有利于转移劳动力在城市生产生活的环境，进一步推进城市公共服务均等化。作为新城市人，转移劳动力为城市的建设和经济发展起到了不可磨灭的作用，但他们在部分城市的生活还存在着诸多的难处和不便，尤其是在基本的教育、医疗和住房三大块。只有住得安心、看病省心、教育放心，转移劳动力才能踏实地在城市安定下来，继续为城市的经济发展尽职尽力，人口红利才能持续不断地得以获取。如果转移这些问题不能得到有效解决，转移劳动力就不可能在城市安心工作和生活，人口红利的收获就会受到一定程度的阻碍。因此，构建有利于转移劳动力在城市安心扎根的城市公共服务保障体系显得尤为重要和紧迫。

四是建立转移劳动力的财政支持体系和薪酬保障机制，消除对转移劳动力的歧视，维护转移劳动力的应有权益。劳动力选择在不同地区和产业之间转移，很大一个原因在于相对于流出地较高的工资收入。但事实上，转移劳动力在转移地往往会受到歧视，同工不同酬以及劳动报酬得不到及

---

① 数据来源：国家统计局网站。

时支付的情况时有发生。由此，构建一个转移劳动力的薪酬保障体制以及相应的财政支持体系非常有必要，依靠财政支持体系中的资金来源建立专门的转移劳动力薪酬赔付基金。除此之外，需要明确特定机构的转移劳动力薪酬监督职责。当转移劳动力的劳动报酬得不到及时支付等情形发生时，具有薪酬监督职责的特定机构可以对此进行专门调查，在核实事件真实性的前提下可以依靠财政支持体系对转移劳动力进行薪酬的提前赔付，然后再对不欠薪的相关企业进行责罚。

第三，深化对于人力资本内涵的认识，树立人力资本是人口素质红利和人口结构红利获取关键要素的观念。以多种方式提升人力资本水平，优化人力资本结构，为在经济增长过程中获得更为丰富的人口红利创造条件。与人力资本水平提升和结构优化相关的对策建议主要有以下几点。

一是强化对于人力资本的重新再认识，拓展人力资本的内涵，深化其对于技术进步以及人口红利获取重要性的认识。人力资本的内涵不是只有教育这一个维度，个体的健康水平、工作经验、各类形式的培训以及迁移等都在人力资本涵盖的范围之内。人力资本对于人口结构红利和人口素质红利的实现至关重要。人力资本水平的提升有利于减少劳动力在转移过程中遇到的结构性失业问题，实现劳动力的有效转移。而人力资本的低下则会在一定程度上制约剩余劳动力的转移，人口结构红利的实现就会受到阻碍。更重要的是，人力资本水平的提升一方面通过劳动力投入经济活动实现生产效率的提升，另一方面通过外部性实现整个部门较高的生产效率。技术创新和应用也会在这样的过程中发生，社会产出由此增加。这也是经济增长过程中素质红利的实现途径。

二是以多种渠道提升人力资本水平，优化人力资本结构，为获取丰富的人口红利打下基础。人力资本水平的提升一方面可以考虑扩大教育的覆盖范围，如普及高中和中职教育；同时要提升不同层次教育的质量并加强各类培训，提高劳动者的技能。尤其是要促进职业教育和各种类型的培训事业的发展，为实现人口红利创造条件。随着产业结构的升级和转型，人力资本结构也应随之优化调整，以实现两者的良性互动和循环并由此促进经济的增长。职业教育和各类有针对性的技能培训能够增加劳动者的专用性人力资本储备，提升他们与劳动力市场中空缺岗位所需专业知识和操作技能的匹配度，以有效应对产业结构调整升级所产生的对新技能的要求，同时这也有利于提高人力资本的利用效率。另一方面，对我国当前的法定退休年龄进行调整，利用合适的时机适当延长劳动者的法定退休年龄也不失为一种提升当前我国人力资本存量水平的有效方法。随着医疗水平的提升和人均预期寿命的延长，我国现行的法定退休年龄设置相对偏低，其他发达国家的退休年龄均要高于我国。事实上，很大一部分劳动力在退休年龄之后依然活跃在劳动力市场上。因此，如果受限于现行的法定退休年龄，我国的人力资本存量水平会被低估。更为重要的是，如果对我国的法定退休年龄做适当调整，适度延长男女性的退休年龄，那么劳动力市场会继续吸收这部分按现行规定应该退休的劳动力，从而提升我国的人力资本存量水平。

三是加强创新型人力资本的财政投入支撑体系建设，为人口红利的实现提供丰裕的高层次人力资本供给。人口数量红利是基础，也是人口红利的最早来源。人口素质红利和人口结构红利拓展了人口数量红利的概念和范围，也是延长我国人口红利持续期的重要方式。人口数量红利、人口素质红利和人口结构红利三者共同构成我国人口红利，共同促进我国的经济增长和发展。随着我国经济的增长方式逐步向创新型和集约型转变，人口红利也由以人口数量红利为主转为由人口数量红利、人口素质红利和人口结构红利三个维度构成。在这一框架体系下，对于具有高水平人力资本的劳动力需求更加迫切。对高水平、创新型人力资本的培育需要有强有力的相关财政投入支撑体系予以配套，加强对这一财政支撑体系的建设有利于未来通过人口红利实现创新型经济增长方式的转变。

第四，发挥三维人口红利丰裕地区的示范效应，缩小地区之间的经济发展差距，实现区域协调可持续发展。探索人口红利丰裕地区经济发展的成因，可通过组织研讨会、实地考察、典型案例分析等多种形式实现跨地区经验分享，以尽可能地帮助人口红利相对不足的地区提升其人口红利水平，从而有效促进当地经济的增长。只有这样才能缩小人口红利自身的地区差异，从而进一步缩小地区经济发展差距，区域协调可持续发展才有可能得以实现。

6.3　研究展望

如前所述，人口问题与经济增长息息相关，人口红利实现与否关乎我国各地区以及整体经济增长的各个阶段。人口红利与经济增长是一个具有重要研究意义的课题。本书在区域协调发展视角下基于三维红利框架探讨了人口红利对于经济增长的作用机制并测算了三个维度的人口红利对经济增长的贡献率，为今后研究人口红利与经济增长的相关问题打下了一定的基础。就本主题而言，下面几个方向可以作为重点关注的内容。

第一，中国与其他国家在人口红利与经济增长课题上的横向比较研究。人口红利阶段是每个国家在人口转变的历程中都会经历的过程，但是能否把人口红利有效应用于促进本国的经济增长过程中则取决于各国的具体政策和制度以及对人口红利阶段的有效判断。国际上已经经历人口转变这一阶段的国家中既有成功的案例，也有失败的典型。因此，展开中国与其他国家在人口红利与经济增长相关问题上的横向比较研究，有助于我们学习成功国家的先进做法，吸取失败国家的教训，从而更好地发挥人口红利在经济增长过程中的作用，并进一步拓展人口红利的存续期间。

第二，人口政策在中国三维人口红利形成中的作用研究。中国的人口红利的形成过程与其他国家存在着很大的不同，表现出出现早、形成快的特点。这主要在于我国实施了一系列人口政策，如在改革开放之初实施了计划生育政策，并根据人口形势的变化对生育政策进行了调整；同时还实施了规范劳动力转移的人口流动政策。这些人口政策加速了中国人口转变的进程，导致人口红利较早地出现在我国经济增长的过程中。也正是因为这些政策，使得我国的人口转变进程有别于其他国家。因此，

有必要对这些政策在经济增长以及人口红利实现过程中的作用进行更为详尽的评估。包括劳动力流动政策、计划生育政策等多项政策在内的人口政策对于我国三维人口红利的形成起到了十分重要的作用。这些政策究竟起到了哪些方面的作用，作用程度有多大，哪类政策对于三维人口红利的影响最大以及哪类政策产生的影响最小，这些政策在实施过程中对于三维人口红利的形成有没有不利影响抑或是负面作用，这些问题都值得我们去进一步探讨和研究。在此基础上，便可以对未来我国人口政策的调整提供一定依据。为了能在未来获取到更多的三维人口红利并实现更好的经济增长和发展，我国的相关人口政策可基于上述研究展开适度的调整。

第三，从宏观视角展开三维人口红利对经济增长综合贡献的补充研究。如前所述，人口红利是一个综合整体，人口数量红利、人口结构红利和人口素质红利只是人口红利的三个维度，是基于人口红利的构成做的一个划分。本书已从微观视角对三维人口红利的作用进行了比较和分析，从宏观视角进一步考察三维人口红利对经济增长的综合贡献有利于更好地发现三者之间的关系及其相互作用机制，是对现有研究的进一步补充。以此为基础调节人口红利三个组成部分的关系，使这三个维度朝着最合理的配置比例发展。这不仅有助于拓展人口红利，延长人口红利的存续时间，而且还可以最大化地促进中国经济的增长和经济增长方式的转变。

第四，进一步探索缩小三维人口红利地区差异的路径。通过从理论及实证两个层面分析造成三维人口红利地区差异的外在因素和内在原因及其影响程度，从多种渠道探索有利于各个地区尽可能地收获三维人口红利并缩小地区经济发展差距，实现区域协调可持续发展的路径。

参考文献

[1] Akira Shimada. Wage Inequality and Human Capital Formation under Migration Possibilities [J]. Australian Economic Papers, 2013, （12）: 190–199.

[2] Amitrajeet A.Batabyal, Peter Nijkamp. A Multi–region Model of Economic Growth with Human Capital and Negative Externalities in Innovation [J]. Journal of Evolutionary Economics, 2013, （23）: 1–26.

[3] Andrew Mason, Ronald Lee. Reform and Support Systems for the Elderly in Developing Countries: Capturing the Second Demographic Dividend [J]. International Seminar on the Demographic Window and Health Aging: Socioeconomic Challenges and Opportunities, China Centre for Economic Research, Peking University, Beijing, April 29, 2004.

[4] Arusha Cooray, Sushanta Mallick, Nabamita Dutta. Gender–specific Human Capital, Openness and Growth: Exploring the Linkages for South Asia [J]. Review of Development Economics, 2014, 18（1）: 107–116.

[5] Ben Ost. How do Teachers Improve? The Relative Importance of Specific and General Human Capital [J]. American Economic Journal: Applied Economics, 2014, 6（2）: 1–27.

［6］Benson Honing，Per Davidsson. The Role of Social and Human Capital among Nascent Entrepreneurs［J］. Journal of Business Venturing，2003，18（3）：301–331.

［7］Bloom D E, Canning D, Malaney P N. Demographic change and economic growth in Asia［M］. CID, 1999.

［8］Bloom，David E.，David Canning. The Health and Wealth of Nations［J］. Science，2000，（287）：1207–1209.

［9］Chad Turner，Robert Tamura，Sean E.Mulholland. How Important are Human Capital，Physical Capital and Total Factor Productivity for Determining State Economic Growth in the United States，1840–2000?［J］. Journal of Economic Growth，2013，（12）：1–10.

［10］Chakra P.Acharya，Roberto Leon–Gonzalez. How do Migration and Remittances Affect Human Capital Investment? The Effects of Relaxing Information and Liquidity Constraints［J］. The Journal of Development Studies，2014，50（3）：444–460.

［11］Chang–Tai Hsieh，Peter J. Klenow. Misallocation and Manufacturing TFP in China and India［J］. The Quarterly Journal of Economics，2009，（9）：1403–1448.

［12］Charles Hokayem，James P.Ziliak. Health，Human Capital and Life Cycle Labor Supply［J］. American Economic Review：Papers & Proceedings，2014，104（5）：127–131.

［13］Chris Papageorgiou. Distinguishing between the Effects of Primary and Post–primary Education on Economic Growth［J］. Review of Development Economics，2003，7（4）：1–9.

［14］Coale，Ansley J.，Edgar M.Hoover. Population Growth and Economic Development in Low–income Countries：A Case Study of India' s Prospects［M］. Princeton：Princeton University Precess，1958.

［15］Costas Azariadis，Allan Drazen. Threshold Externalities in Economic

Development ［J］. The Quarterly Journal of Economics, 1990, （5）: 501-526.

［16］Dale W. Jorgenson, Barbara M. Fraumeni, The Output of the Education Sector, Output Measurement in the Service Sectors ［M］. Chicago: University of Chicago Press, 1992b.

［17］Dale W. Jorgenson, Barbara M. Fraumeni. Investment in Education and U.S. Economic Growth, The Scandinavian Journal of Economics(Supplement), 1992a, 94（1）: 51-70.

［18］Dale W. Jorgenson, Barbara M. Fraumeni. The Accumulation of Human and Nonhuman Capital: 1948-84, The Measurement of Saving, Investment, and Wealth ［M］. Chicago: University of Chicago Press, 1989.

［19］David E. Bloom, Jocelyn E. Finlay. Demographic Change and Economic Growth in Asia ［J］. PGDA Working Paper No.41, 2008.

［20］David E.Bloom, David Canning, Jaypee Sevilla. The Demographic Dividend: A New Perspective on the Economic Consequences of Poppulation Change ［M］. A Rand Program of Policy-Relevant Research Communication, 2003.

［21］Dennis A.Ahlburg. Does Population Matter? A Review Essay ［J］. Population and Development Review, 2002, 28（2）: 329-360.

［22］Dennison, E.F. Why Growth Rates Differ, Washington, DC: Brookings Institution, 1967.

［23］Färe R., Grosskopf S., Norris M. and Zhang Z. Y. Productivity Growth, Technical Progress, and Efficiency Change in Industrialized Countries ［J］. The American economic review, 1994, 84（1）: 66-83.

［24］Frank Neri, Joan R. Rodgers. Eagles and Turkeys: Human Capital Externalities, Departmental Co-authorship and Research Productivity［J］.

Australian Economic Papers，2013，（12）：1-8.

［25］G.E.Battese，T.J.Coelli. A Model for Technical Inefficiency Effects in a Stochastic Frontier Production Function for Panel Data［J］. Empirical Economics，1995，（20）：325-332.

［26］Giuseppe Folloni，Giorgio Vittadini. Human Capital Measurement：A Survey［J］. Journal of Economic Surveys，2010，24（2）：248-279.

［27］Indunil De Silva，Sudarno Sumarto. Dynamics of Growth，Poverty and Human Capital：Evidence from Indonesian Sub-national Data［J］. Journal of Economic Development，2015，40（2）：1-48.

［28］Irena Kedmenec，Urban Šebjan，Polona Tominc. Effect of Rurality and Human Capital Resources in the Entrepreneurial Opportunity Identification Process［J］. Na Še Gospodarstvo，2015，61（2）：399-412.

［29］Jess Benhabib，Mark M.Spiegel. The Role of Human Capital in Economic Development：Evidence from Aggregate Cross-country Data［J］. Journal of Monetary Economics，1994，34：1-41.

［30］Jesús Crespo Cuaresma，Wolfgang Lutz，Warren Sanderson. Is the Demographic Dividend an Education Dividend?［J］. Demography，2014，（51）：299-315.

［31］Kevin J.Fox，Ross Milbourne. Is it Harder to Soar with Eagles when you Work with Turkeys?［J］. Australian Economic Papers，2006，（45）：362-371.

［32］Kirk Hamilton，Gang Liu. Human Capital，Tangible Wealth and the Intangible Capital Residual［J］. Oxford Review of Economic Policy，2014，30（1）：1-23.

［33］Laurits R. Christensen，Dale W. Jorgenson，Lawrence J. Lau. Transcendental Logarithmic Production Frontiers［J］. The Review of Economics and Statistics，1973，55（1）：28-45.

［34］Li Gang，Liang Yongmei，Shen Keting. Assessment of China's

Qualitative Demographic Dividend for Economic Growth during 2016–2020 [J] . China Economist, 2016, 11（1）：112–125.

[35] M.Kamau, K.Burger, K.Giller. Labour Allocative Efficiency and Factors Influencing Farm Households Interaction with the Labour Market [R] . Paper Prepared for Presentation at the 106th Seminar of the EAAE, 2007,（10）.

[36] Mason, Andrew. Population and Economic Growth in East Asia, Population Change and Economic Development in East Asia：Challenges Met, Opportunities Seized [M] . Stanford, CA：Stanford University Press, 2001.

[37] N.Gregory Mankiw, David Romer, David N.Weil. A Contribution to the Empirics of Economic Growth [J] . The Quarterly Journal of Economics, 1992,（5）：407–416.

[38] NCES. Highlights from the 2003 International Adult Literacy and Lifeskills Survey [M] . Washington, DC：NCES, US Department of Education, Institute of Educational Science, 2005.

[39] OECD. Human Capital Investment：An International Comparison [M] . Paris：Centre for International Research and Innovation, 1998.

[40] OECD. Learning a Living：First Results of the Adult Literacy and Life Skills Survey [J] . Paris：Statistics Canada, 2005.

[41] Paul M. Romer. Increasing Returns and Long–run Growth [J] . Journal of Political Economy, 1986, 94（5）：1002–1037.

[42] Paul M.Romer. Endogenous Technological Change [J] . Journal of Political Economy, 1990, 98（5）：S71–S102.

[43] Pedroni P. Critical values for cointegration tests in heterogeneous panels with multiple regressors [J] . Oxford Bulletin of Economics & Statistics, 1999, 61（S1）：653–670.

[44] Psacharopoulos, G., Patrinos, A. Returns to Investment in Education：

A Further Update [J] . Education Economics, 2004, 12（2）：111–134.

[45] R.Kapeliushnikov. How Much is Russia's Human Capital Worth? [J] . Problems of Economic Transition, 2014, 57（7）：63–85.

[46] Radek Szulga. A Dynamic Model of Female Labor Force Participation Rate and Human Capital Investment [J] . Journal of Economic Development, 2014, 39（3）：81–114.

[47] Rasmus Thönnessen, Erich Gundlach. The Size of Human Capital Externalities：Cross–country Evidence [J] . Public Choice, 2013, 157（12）：671–689.

[48] Richard R.Nelson, Edmund S. Phelps. Investment in Humans, Technological Diffusion, and Economic Growth [J] . The American Economic Review, 1966, 56：69–75.

[49] Robert E.Lucas, Jr. On the Mechanics of Economic Development [J] . Journal of Monetary Economics, 1988, 22：3–42.

[50] Robert Eastwood, Michael Lipton. The Demographic Dividend：Retrospect and Prospect [J] . Economic Affairs, 2012, （32）：26–30.

[51] Robert J.Barro. Economic Growth in a Cross Section of Countries [J] . The Quarterly Journal of Economics, 1991, 106（2）：407–443.

[52] Ronald Lee, Andrew Mason. Population Aging, Wealth, and Economic Growth：Demographic Dividends and Public Policy [J] . WESS Background Paper, 2007, （1）：1–35.

[53] Ronald Leung, Marco Stampini, Desire Vencatachellum. Does Human Capital Protect Workers against Exogenous Shocks? Evidence from Panel Data on South Africa during the 2008–2009 Crisis [J] . South African Journal of Economics, 2014, 82：99–116.

[54] Salvador Contreras. The Influence of Migration on Human Capital

Development〔J〕. International Economic Journal, 2013, 27（3）: 365-384.

［55］Shenggen Fan, Xiaobo Zhang, Sherman Robinson. Structural Change and Economic Growth in China〔J〕. Review of Development Economics, 2003, 7（3）: 360-377.

［56］Shuhei Aoki. A Simple Accounting Framework for the Effect of Resource Misallocation on Aggregate Productivity〔J〕. Journal of the Japanese and International Economics, 2012, 26（4）: 473-494.

［57］Susana Ferreira, Kirk Hamilton. Comprehensive Wealth, Intangible Capital, and Development〔C〕. Policy Research Working Paper 5452, 2010.

［58］Tugrul Temel. Family Size, Human Capital and Growth: Structural Path Analysis of Rwanda〔J〕. Journal of Economic Development, 2013, 38（4）: 1-23.

［59］Wei Z, Hao R. Demographic structure and economic growth: Evidence from China〔J〕. Journal of Comparative Economics, 2010.

［60］Zhiqiang Liu. Human Capital Externalities in Cities: Evidence from Chinese Manufacturing Firms〔J〕. Journal of Economic Geography, 2014, （14）: 621-649.

［61］保罗·舒尔茨.人口结构和储蓄：亚洲的经验证据及其对中国的意义〔J〕.经济学（季刊），2005（4）：991-1018.

［62］毕先萍.劳动力流动对中国地区经济增长的影响研究〔J〕.经济评论，2009（1）：48-53.

［63］蔡昉，王德文.中国经济增长可持续性与劳动贡献〔J〕.经济研究，1999（10）：62-68.

［64］蔡昉，王美艳.为什么劳动力流动没有缩小城乡差距〔J〕.经济学动态，2009（8）：4-10.

［65］蔡昉."人口红利"消失的隐忧〔J〕.中国企业家，2006（7）：

96–97.

[66] 蔡昉. 人口红利与中国经济可持续增长 [J]. 甘肃社会科学, 2013（1）: 1–4.

[67] 蔡昉. 人口转变、人口红利与刘易斯转折点 [J]. 经济研究, 2010（4）: 4–13.

[68] 蔡昉. 未来的人口红利——中国经济增长源泉的开拓 [J]. 中国人口科学, 2009（1）: 2–10.

[69] 蔡昉. 中国经济改革效应分析——劳动力重新配置的视角 [J]. 经济研究, 2017（7）: 4–17.

[70] 蔡昉. 中国如何通过经济改革兑现人口红利 [J]. 经济学动态, 2018（6）: 4–14.

[71] 蔡武, 吴国兵, 朱荃. 集聚空间外部性、城乡劳动力流动对收入差距的影响 [J]. 产业经济研究, 2013（2）: 21–30.

[72] 蔡晓陈. 中国二元经济结构变动与全要素生产率周期性——基于原核算与对偶核算 TFP 差异的分析 [J]. 管理世界（月刊）, 2012（6）: 8–16.

[73] 车士义, 陈卫, 郭琳. 中国经济增长中的人口红利 [J]. 人口与经济, 2011（3）: 16–23.

[74] 车士义, 郭琳. 结构转变、制度变迁下的人口红利与经济增长 [J]. 人口研究, 2011（2）: 3–14.

[75] 车士义. 人口红利问题研究 [J]. 西北人口, 2009,（2）: 11–14.

[76] 陈朝旭. 政府公共教育投资与经济增长关系的实证分析 [J]. 财经问题研究, 2011（2）: 85–89.

[77] 陈纪平. 我国老龄化进程中的第二人口红利：理论与实证 [J]. 西北人口, 2017（4）: 18–23.

[78] 陈晶, 李丹. 人口老龄化、家庭消费结构与中国养老模式改革——基于微观数据对人口红利的探讨 [J]. 沈阳工业大学学报（社会科学版）, 2013（1）: 42–50.

［79］陈欣，卜振兴.教育投资会显著的促进经济增长么？——基于var模型的实证分析［J］.产业经济评论，2014（7）：55-64.

［80］陈友华.人口红利与人口负债：数量界定、经验观察与理论思考［J］.人口研究，2005（6）：21-27.

［81］陈友华.人口红利与中国的经济增长［J］.江苏行政学院学报，2008（4）：58-63.

［82］陈宇学.人口老龄化、劳动力供给与中国经济发展［J］.云南财经大学学报，2015（4）：30-38.

［83］陈真真.上海市人力资本存量［J］.当代经济，2008（3）：94-96.

［84］陈忠斌，蔡东汉.人口转变时期的经济增长与仿真［J］.生产力研究，2012（8）：13-16.

［85］程虹，高诗雅.新中国70年经济发展质量：制度红利与人口红利的叠加效应［J］.宏观质量研究，2019（2）：1-29.

［86］单豪杰.中国资本存量K的再估算：1952—2006年［J］.数量经济技术经济研究，2008（10）：17-31.

［87］邓垚.中国劳动力资源与经济发展研究［D］.吉林：吉林大学博士学位论文，2012.

［88］丁守海，丁洋.中国应着力开发二次人口红利［J］.湖南大学学报（社会科学版），2019（2）：47-58.

［89］董直庆，刘迪钥，宋伟.劳动力错配诱发全要素生产率损失了吗？——来自中国产业层面的经验证据［J］.上海财经大学学报，2014（5）：94-103.

［90］都阳.人口红利的谜思［J］.人口研究，2007（2）：41-44.

［91］方福前，祝灵敏.人口结构、人力资本结构与经济增长［J］.经济理论与经济管理，2013（8）：5-16.

［92］方显仓，谢欣，黄泽民.人口老龄化与中国经济增长——基于CES生产函数的分析［J］.上海经济研究，2014（12）：90-96.

［93］封岩，柴志宏.健康人力资本对经济增长的影响［J］.经济与管理研究，

2016（2）：21-27.

［94］高书国.第二次"人口红利"的内涵及其影响——基于全国第六次人口普查数据分析［J］.天津电大学报，2014（2）：1-5.

［95］辜胜阻，吴华君，曹冬梅.新人口红利与职业教育转型［J］.财政研究，2017（9）：47-58.

［96］顾海，孙嘉尉.人力资本投资与经济增长的空间面板计量分析［J］.统计与决策，2015（17）：89-92.

［97］顾和军，吕林杰.女性劳动参与、生育行为选择与人口红利研究综述［J］.中国劳动，2015（6）：28-32.

［98］顾和军，沈坤荣，刘倩雯.中国劳动力结构演变与经济增长［J］.江苏社会科学，2015（3）：162-166.

［99］郭晗，任保平.人口红利变化与中国经济发展方式转变［J］.当代财经，2014（3）：5-13.

［100］郭金兴.拉美、东南亚和东亚经济体跨越中等收入陷阱的比较研究［J］.学海，2015（2）：135-141.

［101］郭琳，车士义.家庭劳动结构与住户总资产的关系研究——基于VAR模型的分析［J］.中央财经大学学报，2014（1）：103-112.

［102］郭敏.中国劳动力供给转型探究——从人口红利到劳动参与率［J］.现代管理科学，2018（1）：54-56.

［103］郭萍，余康，黄玉.中国农业全要素生产率地区差异的变动与分解——基于Färe-Primont生产率指数的研究［J］.经济地理，2013（2）：141-145.

［104］郭熙保，李通屏，袁蓓.人口老龄化对中国经济的持久性影响及其对策建议［J］.经济理论与经济管理，2013（2）：43-50.

［105］郭熙保，罗知.中国省际资本边际报酬估算［J］.统计研究，2010（6）：71-77.

［106］郭瑜.人口老龄化对中国劳动力供给的影响［J］.经济理论与经济管理，2013（11）：49-58.

［107］贺大兴 . 中国经济增长中的两次人口红利研究［J］. 人口与经济，2013（4）：46-52.

［108］洪梦茹 . 人口红利趋缓下人力资本对经济增长的贡献［J］. 广西财经学院学报，2015（2）：1-7.

［109］侯传璐，杨兴梅，逯进 . 区域经济增长中的人力资本外衣效应差异——基于中国省域数据的实证分析［J］. 青岛大学学报（自然科学版），2015（2）：68-72.

［110］候海波，王罗汉 . 人口红利、经济增长与人力资本红利——一个文献研究的视角［J］. 现代管理科学，2018（1）：88-90.

［111］胡鞍钢，才利民 . 从"六普"看中国人力资源变化：从人口红利到人力资源红利［J］. 清华大学教育研究，2011（4）：1-8.

［112］华小全 . 人口红利对中国经济增长影响的因素分解［J］. 财经理论研究，2015（3）：9-15.

［113］黄润龙 ."人口红利"质疑：虚化了人口与经济的关系［J］. 现代经济探讨，2009（8）：14-18.

［114］黄少安，孙涛 . 人口负担与人口红利的权衡——论现阶段中国不能放松计划生育政策［J］. 学术月刊，2013（7）：66-77.

［115］吉彩红，佟仁城，许健 . 基于超越对数生产函数的人力资本外溢效应研究［J］. 数学的实践与认识，2009（9）：93-99.

［116］吉彩红，佟仁城，许健 . 人力资本与中国经济增长的协整性分析［J］. 管理评论，2006（7）：38-42.

［117］吉彩红，佟仁城，张媛媛 . 基于 ECM 方法的人力资本与中国经济增长关系研究［J］. 数学的实践与认识，2006（4）：91-97.

［118］加里·S·贝克尔 . 人力资本：特别是关于教育的理论与经验分析［M］. 梁小民，译 . 北京：北京大学出版社，1987.

［119］杰弗里·M·伍德里奇 . 计量经济学导论：现代观点［M］. 第五版 . 张成思，李红，张步昙，译 . 北京：中国人民大学出版社，2015.

［120］金德环，赵海蕾 . 从人口红利到制度红利：中国经济持续增长的动

力转换［J］.河南社会科学，2018（4）：99-104.

［121］金相郁，段浩.人力资本与中国区域经济发展的关系——面板数据分析［J］.上海经济研究，2007（10）：38-42.

［122］景跃军，刘晓红.基于卢卡斯溢出模型的我国人力资本对经济增长贡献率测算［J］.东南学术，2013（1）：105-112.

［123］柯孔林，冯宗宪.中国银行业全要素生产率测度：基于 Malmquist-Luenberger 指数研究［J］.数量经济技术经济研究，2008（4）：110-121.

［124］李超，罗润东.老龄化、预防动机与家庭储蓄率——对中国第二次人口红利的实证研究［J］.人口与经济，2018（2）：104-113.

［125］李超，罗润东.老龄化、预防动机与家庭储蓄率——对中国第二次人口红利的实证研究［J］.人口与经济，2018（2）：104-113.

［126］李德煌，夏恩君.人力资本对中国经济增长的影响——基于扩展 Solow 模型的研究［J］.中国人口·资源与环境，2013（8）：100-106.

［127］李汉东，赵茜，王然.新视角下的中国老龄化趋势及退休年龄测算［J］.老龄科学研究，2014（1）：51-62.

［128］李厚刚.建国以来国家对于农村劳动力流动政策变迁[J].理论月刊，2012（12）：168-173.

［129］李魁.人口年龄结构变动与经济增长——兼论中国人口红利［D］.武汉：武汉大学博士学位论文，2010.

［130］李仁君.中国三次产业的资本存量测算［J］.海南大学学报（人文社会科学版），2010（2）：47-52.

［131］李善同，侯永志.中国（大陆）区域社会经济发展特征分析［R］.国务院发展研究中心调查研究报告，2002.

［132］李善同等.中国经济增长潜力与经济增长前景分析［J］.管理世界，2005（9）：7-16.

［133］李通屏，郭熙保.中国人口增长、结构变迁对扩大内需的影响研究

［J］.中国地质大学学报（社会科学版），2011（1）：1-8.

［134］李通屏.有效人口政策命题与中国生育政策演变［J］.社会科学，2013（3）：53-62.

［135］李新平.中西部区域人口红利的演进趋势及其经济增长逻辑——以成都市为例［J］.西北人口，2015（5）：1-6.

［136］李学兰，王海元.产业结构升级提升了城市生产率吗？——基于空间计量模型的实证检验［J］.云南财经大学学报，2017（2）：140-150.

［137］李扬等.经济蓝皮书：2015年中国经济形势分析与预测［M］.北京：社会科学文献出版社，2014.

［138］李勇刚.收入差距、房价水平与农村剩余劳动力转移——基于面板联立方程模型的经验分析［J］.华中科技大学学报（社会科学版），2016（1）：83-91.

［139］李海峥，梁赟玲，Barbara Fraumeni，等.中国人力资本测度与指数构建［J］.经济研究，2010（8）：42-54.

［140］厉以宁.农民工、新人口红利与人力资本革命改革［J］.改革，2018（6）：5-12.

［141］梁同贵.中国人口红利和人口负债的特色与应对策略［J］.南京人口管理干部学院学报，2009（2）：42-46.

［142］梁颖，陈佳鹏.日本失去的二十年——基于中日人口红利比较的视角［J］.人口学刊，2013（4）：21-30.

［143］梁泳梅，李钢，董敏杰.劳动力资源与经济发展的区域错配［J］.中国人口科学，2011（5）：36-48.

［144］廖远甦.重估上海物质资本存量：1978—2008［J］.上海经济研究，2009（12）：96-103.

［145］刘海英，赵英才.中国经济增长中人力资本积累的均衡性选择［J］.中国软科学，2005（9）：66-72.

［146］刘怀宇，马中."刘易斯转折点"假象及其对"人口红利"释放的

冲击［J］.人口研究，2011（4）：65-74.

［147］刘家强，唐代盛.关于人口红利问题的几点思考［J］.市场与人口分析，2007（4）：33-35.

［148］刘莉君.城乡收入差距、农村劳动力转移就业与消费［J］.湖南科技大学学报（社会科学版），2016（1）：104-108.

［149］刘琦，郭剑雄.人口偏好结构转变、人口质量红利与农业发展：以中国东部地区为例［J］.西北人口，2013（6）：13-18.

［150］刘琦.人口偏好结构转变、人口质量红利与中国农业发展［M］.陕西：陕西师范大学博士学位论文，2014.

［151］刘伟，张辉.中国经济增长中的产业结构变迁和技术进步［J］.经济研究，2008（11）：4-13.

［152］刘渝琳，李宜航.延迟退休年龄是否会带来二次人口红利？［J］.人口与发展，2017（5）：30-41.

［153］刘元春，孙立.“人口红利说”：四大误区［J］.人口研究，2009（1）：81-90.

［154］卢飞，刘明辉.广义人口红利、制造业结构调整与经济增长——基于空间杜宾模型及面板分位数的实证分析［J］.财经论丛，2018（1）：12-20.

［155］吕娜.健康人力资本与经济增长研究文献综述［J］.经济评论，2009（6）：143-152.

［156］吕品，林芳.中国“人口红利”的经济增长效应研究——基于储蓄和劳动力供给的实证分析［J］.中国管理科学，2011（10）：700-704.

［157］毛新雅，彭希哲.城市化、对外开放与人口红利——中国1979—2010年经济增长的实证［J］.南京社会科学，2012（4）：31-38.

［158］孟令国，王清，胡广.二次人口红利视角下国民储蓄率影响因素分析［J］.经济科学，2013（5）：9-18.

［159］孟令国，刘薇薇.中国农村剩余劳动力的数量和年龄结构研究——

基于 2002—2011 年的数据［J］.经济学家，2013（4）：37-42.

［160］莫龙.中国的人口老龄化经济压力及其调控［J］.人口研究，2011（6）：27-36.

［161］穆光宗，陈卫.中国的人口转变：历程、特点和成因［J］.开放时代，2001（1）：92-101.

［162］穆光宗.中国的人口红利：反思与展望［J］.浙江大学学报（人文社会科学版），2008（3）：5-13.

［163］牛泽东，张倩肖，王文.中国装备制造业全要素生产率增长的分解：1998—2009——基于省际面板数据的研究［J］.上海经济研究，2012（3）：56-73.

［164］彭国华.我国地区全要素生产率与人力资本构成［J］.中国工业经济，2007（2）：52-59.

［165］齐明珠.中国农村劳动力转移对经济增长贡献的量化研究［J］.中国人口·资源与环境，2014（4）：127-135.

［166］钱纳里等.工业化和经济增长的比较研究［M］.吴奇等，译.上海：三联书店上海分店出版社，1989：309-359.

［167］钱瑛，张明志,陈榕景.人口结构转型、人口红利演进与出口增长——来自中国城市层面的经验证据［J］.经济研究，2019（5）：164-180.

［168］邱晓华等.中国经济增长动力及前景分析［J］.经济研究，2006（5）：4-12.

［169］任福兵，郭强.后红利时代中国人口红利走势的影响因素及特征分析［J］.中州学刊，2010（6）：104-108.

［170］任韬，王文举.中国三次产业间劳动力资源优化配置及转移分析［J］.统计研究，2014（12）：20-24.

［171］沈坤荣，余红艳.地方公共政策的结构效应——基于人口老龄化视角的分析［J］.经济理论与经济管理，2013（12）：5-13.

［172］石人炳.人口转变：一个可以无限拓展的概念？［J］.人口研究，

2012（3）：11-18.

［173］石智雷，杨云彦，田艳平.非自愿移民经济再发展：基于人力资本的分析［J］.中国软科学，2011（3）：115-124.

［174］石智雷，杨云彦.家庭依附、人力资本与女性青年的劳动参与——来自湖北省的数据［J］.青年研究，2009（5）：16-25.

［175］石智雷，杨云彦.人口红利、人力资源再开发与经济发展［J］.学习与实践，2013（5）：15-22.

［176］石智雷，余驰.家庭禀赋、人力资本与城乡女性就业流动研究——来自湖北省的城乡调查数据［J］.农业经济问题，2011（12）：81-90.

［177］帅先富，卢源荣.要素转移、产业结构演进与海南生产率增长研究——1993年海南房地产泡沫前后期"结构红利假说"比较实证研究［J］.当代经济，2010（6）：152-154.

［178］宋光辉.不同文化程度人口对我国经济增长的贡献——我国经济增长与教育关系的一种实证分析（1981—2000年）［J］.财经科学，2003（1）：75-81.

［179］宋洪远，黄华波，刘光明.关于农村劳动力流动的政策问题分析［J］.管理世界，2002（5）：55-64.

［180］孙东生，易加斌.人力资本存量与经济增长关系实证研究——基于国际比较视角［J］.商业研究，2013（9）：7-15.

［181］孙文亮，原新.后人口红利时代的中国新型发展战略——基于老龄化经济影响的视角［J］.河南社会科学，2018（4）：111-116.

［182］孙晓芳.人口红利理论研究与扩展——中国特色人口转变的视角［J］.云南财经大学学报，2012（5）：22-27.

［183］孙旭.基于受教育年限和年龄的人力资本存量估算［J］.统计教育，2008（6）：84-90.

［184］谭永生.教育所形成的人力资本的计量及其对中国经济增长贡献的实证研究［J］.教育与经济，2006（1）：33-36.

［185］唐代盛，乌拉尔·沙尔赛开，邓力源．人口红利：基于中国储蓄数据的实证研究［J］．社会科学研究，2014（2）：108–114.

［186］唐代盛．以新型人口红利破解中等收入陷阱［J］．中国报道，2013（1）：26–27.

［187］田玲．我国农村劳动力转移与工业化发展的统计检验［J］．统计与决策，2016（6）：82–85.

［188］田伟．中国人口红利与经济增长［J］．经济问题探索，2018（7）：10–19.

［189］田雪原，王金营，周广庆．老龄化：从"人口盈利"到"人口亏损"［M］．北京：中国经济出版社，2006.

［190］田艳平．经济改革、人力资本与中国经济增长——基于 WDI 中国数据的协整分析［J］．宏观经济研究，2014（4）：57–66.

［191］佟仁城，蒋雪梅，李亚明．考虑劳动力素质的中国超越对数生产函数的构造［J］．数量经济研究，2006（4）：1–8.

［192］涂舒，周宇．转型期中国经济增长的新源泉：新型人口红利［J］．现代经济探讨，2013（11）：16–20.

［193］万晓萌．农村劳动力转移对城乡收入差距影响的空间计量研究［J］．山西财经大学学报，2016（3）：22–31.

［194］汪小勤，汪红梅．"人口红利"效应与中国经济增长［J］．经济学家，2007（1）：104–110.

［195］王德文，蔡昉，张学辉．人口转变的储蓄效应和增长效应——论中国增长可持续性的人口因素［J］．人口研究，2004（5）：2–11.

［196］王丰，安德鲁·梅森．中国经济转型过程中的人口因素［J］．中国人口科学，2006（3）：2–18.

［197］王丰．人口红利真的是取之不尽、用之不竭的吗？［J］．人口研究，2007（6）：76–83.

［198］王桂新，陈冠春．上海市物质资本存量估算：1978—2007［J］．上海经济研究，2009（8）：65–76.

［199］王惠文，吴载斌，孟洁．偏最小二乘回归的线性与非线性方法［M］．北京：国防工业出版社，2006．

［200］王健，李佳．人力资本推动产业结构升级：我国二次人口红利获取之解［J］．天津财经大学学报（现代财经），2013（6）：35-44．

［201］王金营，杨磊．中国人口转变、人口红利与经济增长的实证［J］．人口学刊，2010（5）：15-24．

［202］王立军，胡耀岭，马文秀．中国劳动质量与投入测算：1982—2050——基于偏好惯性视角的四维测算方法［J］．中国人口科学，2015（3）：55-68．

［203］王丽英，刘后平．产业结构变迁对劳动生产率增长的贡献及其区域差异——基于shift-share模型的实证分析［J］．西部论坛，2010(5)：94-100．

［204］王鹏，尤济红．产业结构调整中的要素配置效率——兼对"结构红利假说"的再检验［J］．经济学动态，2015（10）：70-80．

［205］王鹏，尤济红．产业结构调整中的要素配置效率——兼对"结构红利假说"的再检验［J］．经济学动态，2015（10）：70-80．

［206］王萍．劳动力年龄和教育结构对经济增长的影响研究——基于人力资本存量生命周期的视角［J］．宏观经济研究，2015（1）：52-57．

［207］王树，吕昭河．"人口红利"与"储蓄之谜"——基于省级面板数据的实证分析［J］．人口与发展，2019（2）：64-75．

［208］王树，朱要龙，魏巍．人口红利与消费不足——基于动态演化模型的实证分析［J］．财经论丛，2019（7）：13-22．

［209］王伟同，张旭．人口红利衰减、稳增长约束与人口城乡迁移速度［J］．财经问题研究，2013（10）：91-96．

［210］王晓玲，陈浩，方杏村．东北老工业基地人口变动、人口红利与经济增长——基于面板数据的实证分析［J］．哈尔滨商业大学学报（社会科学版），2017（3）：118-128．

［211］王燕.“中等收入陷阱”在中国存在吗？——人口红利与技术进步的视角［J］.江西社会科学，2019（3）：49-58.

［212］王颖，佟健，蒋正华.人口红利、经济增长与人口政策［J］.人口研究，2010（5）：28-34.

［213］王悦，马树才.中国人口红利及其经济增长效应研究——基于省域空间面板数据模型的实证分析［J］.广西社会科学，2016（10）：79-85.

［214］魏颖.国际贸易、劳动力转移与城乡收入差距关系研究——基于中国数据的实证分析［J］.兰州财经大学学报，2016（1）：106-111.

［215］吴华明.基于卢卡斯模型的人力资本贡献率测算［J］.管理世界，2012（6）：175-176.

［216］吴建新，刘德学.中国经济增长中的规模扩张与结构调整：一种生产前沿方法［J］.暨南学报（哲学社会科学版），2014（1）：81-96.

［217］吴宇晖，付淳宇.分级教育、人力资本与区域经济增长［J］.社会科学辑刊，2014（3）：88-94.

［218］西奥多·W.舒尔茨.论人力资本投资［M］.吴珠华等，译.北京：北京经济学院出版社，1990.

［219］夏新颜.“人口红利”向“人才红利”嬗变的保障——创新人才培养制度［J］.江西社会科学，2012（6）：191-194.

［220］夏业良.上海市三次产业中劳动力结构及产出效率的比较分析［J］.管理世界，1999（3）：104-108.

［221］肖林兴.中国全要素生产率的估计与分解——DEA-Malmquist方法适用性研究及应用［J］.贵州财经学院学报，2013（1）：32-39.

［222］肖文，周明海.劳动收入份额变动的结构因素——收入法GDP和资金流量表的比较分析［J］.当代经济科学，2010（3）：69-76.

［223］肖祎平，杨艳琳.人口年龄结构变化对经济增长的影响研究［J］.

人口研究，2017（4）：33–45.

[224] 谢媛媛，林彦梅.合肥市人力资本对经济增长贡献率的实证分析[J].合肥工业大学学报（社会科学版），2013（1）：13–18.

[225] 徐现祥，舒元.基于对偶法的中国全要素生产率核算[J].统计研究，2009（7）：78–86.

[226] 徐现祥，周吉梅，舒元.中国省区三次产业资本存量估计[J].统计研究，2007（5）：6–13.

[227] 徐映梅，瞿凌云.湖北省在人口红利期的经济增长分析[J].统计与决策，2011（3）：118–121.

[228] 徐祖辉，谭远发.健康人力资本、教育人力资本与经济增长[J].贵州财经大学学报，2014（6）：21–28.

[229] 薛君.生育政策调整对中国人口红利的影响[J].华中科技大学学报（社会科学版），2018（3）：39–45.

[230] 闫淑敏，段兴民.中国西部人力资本存量的比较分析[J].中国软科学，2001（6）：100–103.

[231] 晏月平，李新宇.人口红利期结束对我国跨越"中等收入陷阱"带来的挑战和机遇[J].人口与社会，2018（1）：19–31.

[232] 晏月平，韦思琪.中国人口新常态与新型人口红利研究[J].重庆理工大学学报（社会科学），2018（1）：58–70.

[233] 杨成钢，闫东东.质量、数量双重视角下的中国人口红利经济效应变化趋势分析[J].人口学刊，2017（5）：25–35.

[234] 杨成钢，闫东东.质量、数量双重视角下的中国人口红利效应及变化趋势[J].社会科学文摘，2017（11）：59–61.

[235] 杨娟.关于人口红利的一般讨论——兼论老龄化中国人口红利的实现问题[J].经济理论与经济管理，2009（8）：12–16.

[236] 杨文举.引入人力资本的绿色经济增长核算：以中国省份经济为例[J].财贸研究，2015（2）：1–8.

[237] 杨云彦，向华丽，黄瑞芹."单独二孩"政策的人口红利效应分析[J].

中南财经政法大学学报，2014（5）：3-8.

［238］杨云彦.化人口红利为建设幸福湖北的动力［J］.政策，2012（8）：74-76.

［239］杨云彦.人口红利与新农村建设［J］.市场与人口分析，2007（4）：31-33.

［240］杨云彦.中国人口迁移与发展的长期战略［M］.武汉：武汉出版社，1994.

［241］杨云彦.九十年代以来我国人口迁移的若干新特点［J］.南方人口，2004（3）：13-20.

［242］姚翔等.老年雇员退休返聘行为内在机制的研究：员工情感承诺的影响［J］.人口与发展，2011（6）：48-53.

［243］姚引妹.中国人口年龄结构变动的经济效应研究——基于人口红利视角［J］.杭州：浙江大学博士学位论文，2010.

［244］姚毓春，袁礼，董直庆.劳动力与资本错配效应：来自十九个行业的经验证据［J］.经济学动态，2014（6）：69-77.

［245］姚志春，尚海洋，毛必文.中国农村劳动力转移对经济增长的真实贡献研究——基于机会成本视角下分析［J］.资源开发与市场，2016（32）：51-55.

［246］叶宗裕.中国省际资本存量估算［J］.统计研究，2010（12）：65-71.

［247］尹秀芳，蔡濛萌.中国省际三次产业劳动力配置分析［J］.湖北社会科学，2016（2）：91-97.

［248］尹秀芳.劳动力转移的结构红利效应研究［J］.经济问题探索，2016（1）：33-41.

［249］尹银，周俊山.人口红利在中国经济增长中的作用——基于省际面板数据的研究［J］.南开经济研究，2012（2）：120-130.

［250］应瑞瑶，潘丹.中国农业全要素生产率测算结果的差异性研究［J］.农业技术经济，2012（3）：47-54.

［251］于东平，段万春．健康人力资本、教育人力资本与经济增长——基于我国省级面板数据的实证研究［J］．武汉理工大学学报（社会科学版），2011（3）：332-336.

［252］于开红．农村剩余劳动力转移与经济增长的实证研究［J］．中国劳动，2016（3）：20-23.

［253］于宁．"后人口红利时代"中国的挑战与机遇——基于老龄化经济影响的视角［J］．社会科学，2013（12）：82-92.

［254］于刃刚．配第—克拉克定律评述［J］．经济学动态，1996（8）：63-65.

［255］袁富华．长期增长过程的"结构性加速"与"结构性减速"：一种解释［J］．经济研究，2012（3）：127-140.

［256］袁志刚，解栋栋．中国劳动力错配对 TFP 的影响分析［J］．经济研究，2011（7）：4-17.

［257］原新，高媛，李竞博．人口红利概念及对中国人口红利的再认识——聚焦于人口机会的分析［J］．中国人口科学，2017（6）：19-31.

［258］原新，高媛．改革开放以来的中国经济奇迹与人口红利［J］．人口研究，2018（6）：3-14.

［259］原新，周平梅．中国第二次人口红利之窗正在开启［J］．江苏行政学院学报，2018（5）：53-61.

［260］原新等．新中国人口 60 年［J］．人口研究，2009（5）：42-67.

［261］翟文婧．人口红利视角下的河南省女性人力资本开发研究［J］．郑州轻工业学院学报（社会科学版），2015（2）：63-66.

［262］张车伟，张士斌．中国初次收入分配格局的变动与问题——以劳动报酬占 GDP 份额为视角［J］．中国人口科学，2010（5）：24-35.

［263］张车伟，张士斌．中国劳动报酬份额变动的"非典型"特征及其解释［J］．人口与发展，2012（4）：2-13.

［264］张华强．让质量型人口红利入账［J］．人力资源，2012（12）：28-30.

［265］张军，吴桂英，张吉鹏．中国省际物质资本存量估算：1952—2000
［J］．经济研究，2004（10）：35-44.

［266］张军，章元．对中国资本存量K的再估计［J］．经济研究，2003（7）：
35-43.

［267］张俊良，张兴月．人口红利理论与中国人口红利问题研究［J］．社
会科学研究，2018（6）：114-121.

［268］张乐，曹静．中国农业全要素生产率增长：配置效率变化的引入——
基于随机前沿生产函数法的实证分析[J].中国农村经济，2013(3)：
4-15.

［269］张乐，曹静．中国农业全要素生产率增长：配置效率变化的引入——
基于随机前沿生产函数法的实证分析[J].中国农村经济，2013(3)：
4-15.

［270］张辽．人口红利、结构红利与区域经济增长［J］．中国人口·资源
与环境，2012（9）：97-102.

［271］张平，郭熙保．中国经济增长中的结构转变效应——基于边际劳动
生产率方法的测算［J］．山西财经大学学报，2011（4）：1-8.

［272］张士斌，郭晓峰．中国人力资本积累与经济增长的关联机制研究[J].
河北经贸大学学报，2010（5）：34-41.

［273］张士斌，张天龙．中国经济增长与人力资本积累的关联性探讨——
基于1996—2007年分地区面板数据实证分析［J］．中共福建省委
党校学报，2010（5）：46-52.

［274］赵春燕．人口红利、结构红利与区域经济增长差异［J］．西北人口，
2018（6）：23-31.

［275］赵丽清，沈小力．潜在人口红利转化为现实人口红利的机制及路径
［J］．财经科学，2015（6）：52-60.

［276］赵雨．"人口红利"的反思与再定义——兼论中国"人口红利"的
延续［D］．武汉：武汉大学博士学位论文，2017.

［277］钟水映，李魁．人口红利与经济增长关系研究综述[J].人口与经济，

2009（2）：55-59.

[278] 钟水映，李魁．中国人口红利评价［J］．经济理论与经济管理，
2009（2）：29-34.

[279] 周彩云．要素积累、TFP、人力资本？——区域经济增长源泉分析［J］.
西北人口，2012（5）：84-89.

[280] 周志梁．人口红利与经济增长的动态关系研究——基于内生增长模
型与计量检验［J］．金融发展研究，2014（2）：17-21.

[281] 朱满德，李辛一，程国强．综合性收入补贴对中国玉米全要素生产
率的影响分析——基于省级面板数据的 DEA-Tobit 两阶段法［J］.
中国农村经济，2015（11）：4-14.

[282] 朱平芳，徐大丰．中国城市人力资本的估算［J］．经济研究，2007
（9）：84-95.

[283] 朱晓东，张忠家，王利军．我国高等教育对经济增长贡献的区域
差异研究——基于人力资本产出弹性视角［J］．江西社会科学，
2014（2）：82-86.

[284] 朱宇，刘爽．第二次人口红利回顾与中国实践展望［J］．西北人口，
2019（2）：1-11.